Brücken

Brücken

Judith Dupré

**Einleitendes Interview mit
Frank O. Gehry**

Design: Alleycat

KÖNEMANN

Copyright © 1997 Judith Dupré und Black Dog & Leventhal Publishers, Inc.
151 West 19th Street
New York, NY 10011
U.S.A.

All rights reserved. No part of this book may be reproduced in any form or by any electronic or mechanical means, including information storage and retrieval systems, without written permission from the publisher.

Design: Alleycat Design, Inc.

Fotografienachweis Umschlag und Eingangsseiten: Die Rockville Bridge (1902) über den Susquehanna in Harrisburg, Pennsylvania ist 1150 Meter lang und weltweit die längste Steinbogenbrücke. Fotografie: William Rau.
Seite 1: Arbeiter hängen an den Drahtseilen der Brooklyn Bridge, New York (1883).
Seiten 2-3: Mackinac Bridge, St. Ignace-Makinaw City, Michigan (1957).
Seiten 5-6: Der Tunkhannock-Viadukt in Nicholson, Pennsylvania (1915) ist die längste Betoneisenbahnbrücke weltweit. Fotografie: Richard Margolis.

Copyright © 1998 für die deutsche Ausgabe:
Könemann Verlagsgesellschaft mbH
Bonner Str. 126, D - 50968 Köln

Übersetzung, Redaktion und Satz der deutschen Ausgabe:
Dr. Jörg Meidenbauer Verlagsbüro, München

Druck und Bindung: South Sea International Press
Printed in Hong Kong
ISBN 3 - 8290 - 0409 - 5

Inhaltsverzeichnis

Für meine Eltern

6	Vorwort	34	Eisenbrücke, Coalbrookdale, England, 1779	50	Whipple-Zugband-Fachwerkbrücke, Albany, New York, 1869	70	Salginatobel-Brücke, Schiers, Schweiz, 1930	88	Mackinac Bridge, Meerenge von Mackinac, Michigan, 1957
8	Einleitung	36	Menai-Hängebrücke, Menai-Meerenge, Wales, 1826	52	Eads Bridge, St. Louis, Missouri, 1874	72	George Washington Bridge, New York-New Jersey, 1931	90	Maracaibo-Seebrücke, Maracaibo, Venezuela, 1962
12	Grundlagen	38	London Bridge, London, 1831; Lake Havasu City, Arizona, 1971	54	Brooklyn Bridge, Brooklyn-Manhattan, New York, 1883	74	Sydney Harbor Bridge, Sydney, Australien, 1932	92	Brücken im Film
14	Pont du Gard, Nîmes, Frankreich, 18 v. Chr.	40	Starrucca-Viadukt, Lanesboro, Pennsylvania, 1848	56	Garabit-Viadukt, Saint-Flour, Frankreich, 1884	76	Kriegsbrücken	94	Sunshine Skyway Bridge, Tampabucht, Florida, 1987
16	Engelsbrücke, Rom, 134 n. Chr.	42	Delaware Aquädukt, Lackawaxen, Pennsylvania-Minisink Ford, New York, 1849	58	Forth Bridge, Queensferry, Schottland, 1890	78	San Francisco/Oakland Bay Bridge, Kalifornien, 1936	96	Hitsuishijima-/Iwakurojima-Brücken, Kojima-Sakaide, Japan, 1988
18	Anji-Brücke, Zhaoxian, China, spätes 6. Jhd.	44	Katastrophen	60	Überdachte Brücken	80	Siuslaw-Flußbrücke, Florence, Oregon, 1936	98	Lusitania-Brücke, Mérida, Spanien, 1991
20	Pont d'Avignon, Avignon, Frankreich, 1187	46	Britannia-Eisenbahnbrücke, Menai-Meerenge, Wales, 1850	62	Tower Bridge, London, 1894	82	Golden Gate Bridge, San Francisco, Kalifornien, 1937	100	Natchez Trace Parkway Arches, Franklin, Tennessee, 1994
22	Ponte Vecchio, Florenz, Italien, 1345	48	Überdachte Cornish Windsor Bridge, Cornish, New Hampshire-Windsor, Vermont, 1866	64	Hell Gate Bridgee, Queens-Bronx, New York, 1916	84	Tacoma Narrows Bridge, Tacoma, Washington, 1940	102	Flußverlegung, Providence, Rhode Island, 1996
24	Mostar-Brücke, Bosnien-Herzegowina, 1566			66	Bloedel Donovan's Bridge, King County, Washington, 1920	86	Ludendorff-Brücke, Remagen, Deutschland, 1918	104	Erasmus-Brücke, Rotterdam, Niederlande, 1996
26	Rialto-Brücke, Venedig, 1591			68	Michigan Avenue Bridge, Chicago, 1920				
28	Gartenbrücken							106	Keine Brücke zu weit
30	Pont Neuf, Paris, 1609							108	Confederation Bridge, Northumberland-Meerenge, Kanada, 1997
32	Palladianische Brücke, Buckinghamshire, England, um 1744							110	Tsing-Ma-Brücke, Hongkong, 1997
								112	Ostbrücke, Festlandsverbindung des Großen Belt, Fünen Zeeland, Dänemark, 1998
								114	Akashi-Kaikyo-Brücke, Kobe-Naruto, Japan, 1998
								116	Tatara-Brücke, Onomichi-Imabari, Japan, 1999
								118	Die 100 längsten Brücken der Welt
								120	Glossar
								122	Bibliographie
								126	Register
								128	Danksagungen und Bildnachweise

Vorwort

Seitdem der erste Baumstamm übers Wasser gelegt wurde, sind die Menschen von Brücken und der Möglichkeit fasziniert, Getrenntes miteinander zu verbinden. Brücken spielen eine wesentliche Rolle in den Mythen, Legenden und Allegorien vieler Kulturen, und jedes Jahrhundert vermehrt sich ihre Zahl. Man denke nur an die monumentale Brooklyn Bridge, den Übergang von Chappaquidick oder eine überdachte Brücke in Vermont.

Brücken überspannen aber auch die Geschichte. Sie wurden gebaut, abgebrannt, verteidigt, überquert und von Königen, Mönchen, Revolutionären und Athleten ebenso gefeiert wie von jenen, die Tag für Tag darüber zur Arbeit pendeln. Ihre Geschichte wurde von den elementaren Wasserbarrieren und Städten geprägt, die entlang der großen Wasserwege entstanden – man stelle sich nur Paris, London, New York oder St. Petersburg ohne ihre charakteristischen Brücken vor. In ihren vielfältigen Größen und Silhouetten spiegelt sich die Entfaltung des menschlichen Wissens um Technologie und Baumaterialien ebenso wider wie militärische Eroberungen, religiöser Glaubenseifer und wirtschaftliche Hintergründe.

Aus den ersten primitiven Brücken, mittels Balken, Steinen und Seilen konstruiert, entwickelten sich komplexere Bauten, die von überaus einfallsreichen, oft anonym gebliebenen Baumeistern errichtet wurden. Das Römische Imperium beruhte zu einem guten Teil auf der Ingenieurskunst, die durch die außergewöhnlichen Bogenbrücken aus Mauerwerk, von denen bis heute einige erhalten sind, bezeugt wird. Im Westen weniger bekannt sind die ungemein schönen und einfallsreichen Übergänge der Chinesen. Die Baumethoden der Anji-Brücke in Zhaoxian aus dem 6. Jahrhundert sind allem Vergleichbaren im Westen um mehrere Jahrhunderte voraus. Während des Mittelalters fiel der Bau von Brücken in den Aufgabenbereich der Klöster, von den Gläubigen finanziell unterstützt.

In der Renaissance kamen die bewohnten Brücken – Beispiele hierfür sind der Ponte Vecchio in Florenz und die Rialtobrücke in Venedig – und die Palladianische

Brücke auf, die erst im 18. Jahrhundert weitere Verbreitung erlangte, als Palladios Brückenentwürfe von englischen Landschaftsarchitekten übernommen wurden. Die überdachte Brücke, die romantischste aller Brückentypen, findet sich zwar in der ganzen Welt, erlangte aber besondere Popularität im jungen Amerika, wo ausreichend Holz und Zeit für den Bau zur Verfügung standen.

Die Einführung der Dampflokomotive im Jahr 1830 hatte grundlegenden Einfluß auf alle Bereiche von Technik und Ingenieurkunst, so auch auf Brückenentwürfe, Baumaterialien und das im Entstehen begriffene Tiefbauwesen. Stein und Holz wurden durch Eisen ersetzt, ein Material, das im frühen 19. Jahrhundert die Meister des Schienenbrückenbaus geschickt ausnutzten, darunter Thomas Telford, Robert Stephenson und Isambard Brunel. Ende des letzten Jahrhunderts fanden die Festig- und Leichtigkeit eines neuen Materials, nämlich Stahl, geniale Anwendung durch James Eads, John Roebling, Benjamin Baker und in Frankreich durch Gustave Eiffel.

Marcel Duchamp sagte einmal, die einzigen Kunstwerke Amerikas seien seine Installateurarbeiten und die Brücken. In der Tat begann Amerikas Monopol auf das Hängebrücken-Design, das nahezu ein Jahrhundert andauerte, bereits 1883 mit der Fertigstellung der Brooklyn Bridge und endete 1964 mit der Vollendung der Verrazano Narrows Bridge. In den folgenden zwei Jahrzehnten wurde in Europa der Brückenbau vorangetrieben. Rekordverdächtige Brücken sind nun in China, Dänemark und Japan im Bau. Eine Abwandlung der Hängebrücke, die Schrägseilbrücke, wurde nach dem Zweiten Weltkrieg entwickelt und hat über ihre Gebrauchsfähigkeit hinaus in den Arbeiten von Santiago Calatrava auch ästhetische Vollendung erlangt.

Ingenieure sahen bereits voraus, daß ein neuer Brückentyp, eine Mischung aus Hänge- und Schrägseilbrücke, die Konstruktion großer Brücken revolutionieren wird. Das trifft auch auf Materialverbindungen von geringem Gewicht und großer Festigkeit zu, die nun bereits bei einer ganzen Reihe innovativer Brücken Verwendung fanden.

Brücken sind empfindliche Bauten: Die tatsächlichen Zahlen variieren zwar, doch ein erschreckend hoher Prozentsatz an Brücken in den Vereinigten Staaten und anderen Industrienationen würde ohne Reparaturmaßnahmen einstürzen. Präventivmaßnahmen wie Anstriche und eine Erdbebensicherung finden jedoch nicht die gleiche Unterstützung der Steuerzahler oder entsprechender Regierungsstellen wie ein Neubau. Gleichzeitig führte das wachsende Bewußtsein für den historischen Wert älterer Brücken zu deren phantasievoller Wiederverwendung als kommunale Wahrzeichen, Geschäfte oder Pizzerien.

Die Brückenbauer sind bei weitem nicht so bekannt wie die von ihnen erbauten Brücken. Eine vielsagende Anekdote erzählt, wie Robert Moses bei der Eröffnung der Verrazano Narrows Bridge in New York ihren Erbauer Othmar Ammann vorstellte. Nach einer ganzen Reihe wohlverdienter Lobpreisungen vergaß Moses Ammann, den größten Brückenbauer des 20. Jahrhunderts zu erwähnen. Die bemerkenswerten Errungenschaften von Ammann und anderer „unbesungener

Helden" der Bautechnik werden auf den folgenden Seiten dieses Buches dargestellt. Schon bevor Leonardo da Vinci seine *Mona Lisa* vor dem Hintergrund einer Bogenbrücke malte, haben viele Künstler Brücken zum Motiv erhoben. Die Brücke von Giverny war Monets Muse, der Pont Neuf diejenige von Renoir. Brücken stehen im Mittelpunkt der Gemälde von Botticelli, Raffael, Constable, Whistler, Cézanne und Van Gogh, um nur einige der berühmtesten Maler der letzten Jahrhunderte zu nennen.

Die Brücken im vorliegenden Bildband sind chronologisch aufgeführt. Im Text werden die unterschiedlichen Aspekte der Brücken und ihre Anziehungskraft dargestellt.

Die Poesie der Brücken offenbart sich all denen, die ein Auge dafür haben. Ob es nun ein einfacher Übergang oder ein kompliziertes Labyrinth aus Stahl ist: Jede dieser Bauten weiß viel über die Menschen, ihre Kreativität und ihren Einfallsreichtum, die in den Brücken Gestalt angenommen haben, zu berichten.

Nach Ansicht vieler ist Frank O. Gehry heute der einflußreichste wie auch originellste Architekt. Mit interessanten Kombinationen von Form und Material schuf Gehry spannende und überraschende Bauten, die die Welten von Architektur, Kunst, Medien und Massenfabrikation gleichermaßen einbeziehen. 1989 erhielt er den Pritzker-Architekturpreis, der als höchste Ehrung dieses Berufsstandes gilt.

Das neue Guggenheim-Museum (1997) steht am anderen Ufer des Nervión in der Hafenstadt Bilbao im spanischen Baskenland. Mit spanischem Kalkstein und schimmernden Titan-„Schindeln" verkleidet, bieten die waage- und senkrechten Flächen von Gehrys Entwurf das Erscheinungsbild einer gewaltigen freistehenden Skulptur. Photo © Aitor Ortiz/Frank O. Gehry & Ass.

Wir schlagen ... eine Brücke vor, deren wichtigster Zweck sozialer Natur ist, ein Bau, der die langsame Wahrnehmung der vielseitigen Ansichten und Tätigkeiten zu beiden Seiten des Flusses und auf dem Fluß selbst erlauben muß. Wir erkennen, daß darin ein Potential liegt, etwas anderes zu werden, als wir es durch unsere Bauten geworden sind, und daß diese neuen Konstruktionen uns Räume und Plätze auf eine ganz neue Art erfahren lassen.
— Verlautbarung von „Design Intent", Wettbewerb zum Bau der Jahrtausendbrücke der Financial Times, 1996

Ein einleitendes Interview mit Frank

O. Gehry

Judith Dupré
Gibt es für Sie eine Lieblingsbrücke?

Frank O. Gehry
Ich sah gerade erst eine Eisenbahnbrücke in Portugal, die mir gefiel. Eine gerade Linie mit einem einzigen Balken in der Mitte. Einfach. Schön. Von Eiffel.

JD
Und eine Lieblingsbrücken-Stadt?

FOG
Ich mag London. Zusammen mit Richard Serra und Jörg Schlaich, mit dem ich schon an anderen Projekten gearbeitet habe, entwarf ich eine Fußgängerbrücke über die Themse. Schlaich ist heute der brillanteste Bauingenieur. Der Brückenbauwettbewerb der „Financial Times" zur Jahrtausendwende war eine Zusammenarbeit zu dritt, die intensivste und integrierteste, die ich je erfahren habe. Wir verbrachten Stunden bis in die Nacht hinein mit Diskussionen über das Projekt in Konferenzschaltungen und mit Hin-und-Her-Faxen von Skizzen.

Die Brücke sollte die St.-Paul's-Kathedrale mit der neuen Tate Gallery verbinden. Der Weg auf dem Steg sollte wie eine Prozession erfahren werden, wenn die Leute von St. Paul's her auf die Brücke strömen. Ihr Aufbau ist durchsetzt mit Anspielungen auf andere Brücken. Ihr Bogen erinnert an japanische Fußgängerbrücken und ihre Träger an frühe Eisenbahnbrücken. Der Bogen gipfelt in einer Plattform, die man als Tischplatte, Pier, Dock, Bühne, Balkon usw. ansehen kann. Dadurch, daß wir das Brückenende als eine schwimmende Plaza im großen Maßstab gegenüber der Tate anlegten, hofften wir auf die Ermöglichung kultureller und öffentlicher Veranstaltungen.

JD
Vielleicht führt diese Zusammenarbeit zwischen Architekt, Ingenieur und Künstler zu einer Lösung des Problems, wie ästhetische Erwägungen in Brückenentwürfe einbezogen werden könnten?

FOG
Ästhetik ist ein wichtiger Teil des Brückenentwurfs. Ein Künstler wie Richard Serra und ein Architekt wie Frank Gehry konnten zur Ästhetik der Jahrtausendbrücke beitragen, die von Jörg Schlaich ausgeführt wurde. Schlaich stand der Zusammenarbeit offen gegenüber. Als wir den Wettbewerb verloren, war er enttäuscht, weil er mit uns weiterarbeiten wollte. So schrieben wir ihm einen Brief, daß wir das Team für ein anderes Projekt „wiederbeleben" wollten. Er ist bereit loszulegen.

Der Bauingenieur Jörg Schlaich ist Seniorpartner von Schlaich, Bergermann & Partner in Stuttgart. Viele Jahre lang war er Partner der dort ansässigen Baufirma von Fritz Leonhardt. Als Professor der Stuttgarter Universität hat Schlaich viele Fußgängerbrücken geplant und ist besonders an der Rolle des menschlichen Maßstabs interessiert.

Jörg Schlaich
Die Erfahrung des Entwurfs der Jahrtausendbrücke war insofern wichtig für mich, weil jeder ein ganz bestimmtes Arbeitsfeld innehatte. Im allgemeinen ist die Zusammenarbeit zwischen Architekt und Ingenieur nicht einfach. Der Architekt macht das Design, der Ingenieur die Analysen. Frank und Richard versuchten nicht, die Brücke selbst zu entwerfen, sondern sie beschrieben ihre Vorstellungen. Zudem erklärten sie, daß die Brücke in den städtischen Kontext passen sollte. Als Ingenieur wiederum hatte ich Einschränkungen zu beachten, auf denen meine Vorschläge basieren mußten. Ich habe schon viele Brücken entworfen und habe gewöhnlich

Modell für den Wettbewerb zur Jahrtausendbrücke der Financial Times, eingereicht von Frank O. Gehry, dem Bildhauer Richard Serra und dem Ingenieur Jörg Schlaich, 1996. Photo © Joshua White/Frank O. Gehry & Associates.

Bedenken vor einer Zusammenarbeit mit Architekten – obwohl ich Architektur studiert habe –, weil sie die Arbeit des Ingenieurs gern auf das Bestimmen von Baumaterial und -weise beschränken würden. Dieser Wettbewerb jedoch war anders. Der Architekt umriß, wie die Brücke in die Stadt eingebunden werden sollte; der Künstler kümmerte sich um die Umgebung und der Ingenieur um ihren Aufbau. Wir waren keine Konkurrenten, sondern unterstützten uns gegenseitig.

Die Jahrtausendbrücke war im Grunde ein Fachwerk. Ein solches besteht aus Zug- und Druckstreben, die normalerweise beide gleich aussehen. In diesem Fall unterschieden wir jedoch beide Komponenten, um die Wirkung von Druck und Zug hervorzuheben. Die Druckstreben sind aus Stahlrohren gefertigt, die Zugstreben aus durchlaufenden Seilen. So ist die Brücke kabelgetragen, obwohl die Kabel unter dem Deck sind – Frank wollte eine Fläche, so daß nichts den Blick auf die Stadt behindern konnte. Wir müssen den Menschen bewußt machen, daß eine Brücke in einer Stadt so wichtig ist wie ein Museum. In früherer Zeit waren Brücken wirklich Teil einer Stadt. Nehmen Sie nur die Engelsbrücke und die Engelsburg. Sie bilden eine Einheit. Heute würden wir die Brücke und die Burg getrennt anlegen.

Diese Art der Zusammenarbeit könnte das ästhetische Niveau der heute gebauten Brücken anheben. Denn diese liegen größtenteils unter dem Standard, da ihre Bauweise von wirtschaftlichen Momenten bestimmt wird. Sie sind austauschbar und neutral. Jede Brücke ist jedoch eine Neuerfindung und sollte innerhalb einer subjektiven Situation definiert werden.

Richard Serras großräumige abstrakte Stahlskulpturen sind in Museen der ganzen Welt zu finden. Schlange (Snake), ein speziell in Auftrag gegebenes 30,5 Meter langes Werk, war das erste Stück, das im neuen Guggenheim-Museum im spanischen Bilbao aufgestellt wurde.

Richard Serra

Meiner Ansicht nach hätte keiner von uns allein diese besondere Brücke zustandegebracht. Wir schufen gemeinsam eine Brücke, die sich als eine Art „Zwitter" bezeichnen läßt. Als Bauwerk hat sie eine ganze Reihe unterschiedlicher Bedeutungen. Für mich war diese Zusammenarbeit nicht nur fruchtbar, sie hat mir auch sehr viel Spaß gemacht. Ich würde dieses Miteinander gerne fortsetzen.

Mich interessiert der Minimalismus, der einer Brücke innewohnt. Frank und ich haben uns eine Zeitlang über Brücken unterhalten. In den 80ern führten wir in Harvard einen Lehrgang über Brücken durch – wobei wir die Brücke als Metapher einsetzten, um einen Dialog über Verbindung, Trennung und Überspannung in Gang zu bringen. Die meisten Studenten konstruierten ziemliche Monstrositäten, aber ein Junge verbrachte das ganze Semester damit, ein Stück Balsaholz abzuschleifen. Am Ende war seine Arbeit die beste: eine einfache Kurve.

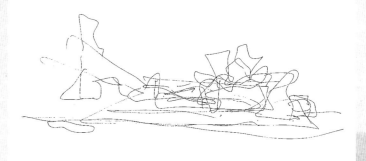

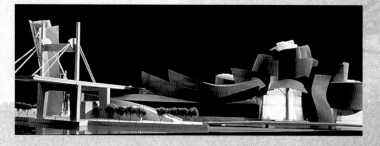

Eine Skizze des Guggenheim-Museums von Bilbao, Spanien, von Frank Gehry.

Darunter: Ein Modell dieses Museums zeigt die Wechselwirkung des Museumsbaus und der Puente de la Salve, einer Hängebrücke. Photo © Joshua White/Frank O. Gehry & Associates.

JD
Sie haben häufig betont, daß Sie Ihre Arbeit zusammenhängend betrachten. Die Puente de la Salve verläuft buchstäblich durch das Guggenheim-Museum, das Sie in Bilbao entworfen haben. Was für Gelegenheiten boten der Standort und die Brücke?

FOG
Bilbao ist ein sehr kontextorientiertes Projekt, aber nicht in konventioneller Hinsicht. Es ist wie eine Jiu-Jitsu-Bewegung: der Versuch, die Energien einer Stadt zum Vorteil zu nutzen, um etwas Neues zu schaffen. Ein Industriegebiet des 19. Jahrhunderts am Hafen wird neu gestaltet, und so hat man es als Standort für das Museum ausgewählt. Der Platz hat eine wunderbare Biegung über den Fluß. Mir gefiel die Stelle, weil sie mitten in der Stadt liegt und sich bis unter die Brücke hineinzieht. Ursprünglich wollten wir die Brücke anmalen, aber dann gefiel mir die dunkelgrüne Farbe der Brücke zusehends. Tom Krens, Direktor der Guggenheim-Stiftung, hat ein Stück Brücke in Auftrag gegeben, das bis zum Museum herunterreichen soll.

JD
Wurde die Bewegung der Brücke berücksichtigt?

FOG
Nein, wir haben das Gebäude von der Brücke ferngehalten, um Auswirkungen der Vibrationen auf das Museum zu verhindern. Die Brücke verläuft abwärts, so daß der Abstand dazwischen 4,5 bis 3,5 Meter beträgt.

JD
Welche Rolle spielt das Wasser bei Ihrer Arbeit?

Eine Fußgängerbrücke führt zum Haupteingang des Frederick-R.-Weisman-Museums (1993). Am Mississippi in Minneapolis, Minnesota, gelegen, spiegelt die leuchtende, facettenreiche Fassade des Kunstmuseums aus rostfreiem Stahl das Wasser ebenso wider wie das sich verändernde Licht und die Jahreszeiten.
Photo © Tim Griffith/Esto.

FOG
Nun, im allgemeinen suche ich die Standorte nicht aus, aber das Minden-Ravensberg besitzt eine Brücke, die ich mit der Reflexionsfähigkeit des Gebäudes in Zusammenhang brachte – eine Holzbrücke über einem Wasserweg. Beim Projekt der Schnabel-Residenz saß ich mit Mr. Schnabel bei Sonnenuntergang an einem finnischen See und nahm einen Drink, als er sagte: „Das würde ich gern mit mir heimnehmen." Also bekam er es von mir.

JD
Ihre Gebäude bieten immer wieder andere Ansichten, wenn man sie umrundet. Können Sie die Bedeutung von Bewegung in Ihrer Arbeit erläutern?

FOG
Ich wurde in einem konventionellen Architekturstudium ausgebildet und arbeitete mit Leuten, die mir den Umgang mit Marmor, Holz, Metall, Gips und Stein beibrachten. Ich beschäftigte mich mit Frank Lloyd Wright, den Green-Brüdern, Mies van der Rohe und Le Corbusier. Heute sind die Verzierungen, die eleganten Details und die Bildhauereien des letzten Jahrhunderts nicht mehr möglich. Für mich ist Bewegung eine Möglichkeit, die Schönheit des menschlichen Geistes wiederzugeben.

JD
Ihre Verwendung industrieller Materialien wie Maschendraht, Wellaluminium und Sperrholz bei frü-

Das Gehry-Haus in Santa Monica, Kalifornien (1978), – erstellt aus Sperrholz, Stahlgittern, Asphalt und Wellaluminium – erwies sich als Durchbruch für den Architekten und bewirkte buchstäblich eine architektonische „Revolution" hinsichtlich der Formen und der zu ihrer Erstellung verwendeten Materialien. Photo © Tim Streetporter/Esto.

heren Gebäuden wurde als radikal angesehen.

FOG
Ja . . . jetzt kann ich Marmor benutzen. Endlich. (lacht)

JD
Bei Ihren neueren Bauten arbeiten Sie mit Reflexmöglichkeiten von Außenverkleidungen aus Metall.

FOG
Ich achte auf Licht- und Leuchtkraft und experimentiere mit verschiedenen Metallen. In Bilbao nahmen wir Titan für die Fassade, weil das im Regen glüht.

JD
Das neue Guggenheim-Museum wurde als das letzte architektonische Meisterwerk des 20. Jahrhunderts bezeichnet. Was steht bei Ihnen als nächstes an?

FOG
Wir machen das Coca-Cola-Museum in Elizabethtown, das Samsung-Museum in Seoul, den Neuen Zollhof – drei Bürogebäude in Düsseldorf – und das Experience-Museum – ein neues Rock'n'Roll-Museum – in Seattle.

Herzlichen Dank an Frank Gehry, Jörg Schlaich, Richard Serra, Joni Gottschalk, Keith Mendenhall, Holly Spiegel, Joshua White, Margot Zalbeygi und Diane Alexander – jd.

Seiten 8/9: Nationale-Nederlanden Gebäude, Prag, Tschechische Republik (1996). Photo © Tim Griffith/Esto. Seiten 10/11: Guggenheim-Museum in Bilbao/Spanien. Photo © Aitor Ortiz/Frank O. Gehry & Associates.

Grund

Diese Seite von links nach rechts:

Eine Frau und ihr Lasttier überqueren ein schönes Exemplar einer alten Balkenbrücke in Portugal nahe Tarouca Alcobaça.

Der 35-Meter-Bogen des Pont St. Martin (25 v. Chr.) in einer norditalienischen Ortschaft desselben Namens gilt als die längste aller römischen Brücken.

Der Pont de Langlois (um 1820) ist eine Zugbrücke oder Bascule, die sich über einem Kanal in Arles, Frankreich, öffnet. Man nennt sie auch den Pont van Gogh, weil der Künstler sie gemalt hat.

Jede Brücke muß mit den Kräften bzw. den Belastungen fertig werden, denen sie ausgesetzt ist. Brücken sind so entworfen, daß sie sowohl die *Eigenlast* als auch die *Nutzlast* (Personen, Fahrzeuge) tragen können. Darüber hinaus müssen sie auch den Kräften der Natur wie Wind oder Erdbeben, der sogenannten *Umweltlast*, standhalten.

Die Entfernung zwischen den Hauptstützen einer Brücke bezeichnet man als Spannweite; ihre Länge mißt man normalerweise bei einer Beschreibung der Brückengröße. Ein Brett über einen Fluß ist ein *Feldträger*. Ein *Durchlaufträger* wird von Pfeilern getragen; die äußersten Stützen nennt man *Endauflager*.

Vier Arten von Kräften wirken auf Brücken ein, entweder einzeln oder zusammen: Zug, Druck, Scherung und Verwindung. *Zug*, der dehnt, ist das Gegenteil von *Druck*, der preßt. Die *Scherung* ist eine verschiebende Kraft, während die *Verwindung* eine drehende Kraft darstellt.

lagen

zwei Verankerungsarmen, die von beiden Seiten zur Mitte führen und von einem pfeilergestützten Mittelstück zusammengehalten werden. Die Arme tragen den Mittelteil durch Einspannung; die nach unten gerichtete Kraft wird durch die Pfeiler aufgenommen. Balken- und Auslegerbrücken lassen sich aus Fachwerk erstellen. Fachwerkträger können einfach oder durchlaufend sein, sie zählen entweder zum *Deck-Typ* oder zum *Durchfahrts-Typ*.

Bogenbrücken zeichnen sich durch ihre Stabilität aus. Bei einem Bogen zieht sich die Kraft nach außen vom Scheitel zu den Bogenenden, wo Widerlager Druckspannung ausüben, um ein Auseinanderdriften der Bogenenden zu verhindern.

Bei den größten Brücken, den Hängebrücken, bestehen die Hauptträger aus parallel verlaufenden Kabeln, die die ganze Brücke entlanglaufen und an deren Enden verankert sind. Das Deck wird von Tragseilen getragen, die von den Hauptkabeln herabhängen. Das Gewicht der Brücke tragen Seile, die einer Zugspannung unterliegen, die von den Verankerungen aufgenommen wird, und den Türmen, die unter Druck stehen. Eine Variante davon ist die *Schrägseilbrücke*, bei der das Deck durch eine Reihe diagonal verlaufender Kabel direkt mit den Türmen verbunden ist.

Kombinationen der Brückentypen vergrößern die baulichen und ästhetischen Möglichkeiten. Bewegliche Brücken bilden eine eigene Familie, charakterisiert durch die Bewegung der Brückenfläche. Um einen Schiffahrtskanal freizumachen, dreht sich eine *Schwingbrücke* um einen Mittelpunkt; ein *Bascule-Brückendeck* oder Brückenflügel wird mit Gegengewichten wie eine Zugbrücke angehoben, eine *Hebebrücke* wird senkrecht hochgezogen wie ein riesiger, horizontaler Lift.

Diese Seite von links nach rechts:
Schrägseilbrücken, wie die gewinkelte Erasmus-Brücke (1996) in Rotterdam, werden in einer beeindruckenden Formenvielfalt erstellt.

Lichter erhellen die Hauptseile, an denen das Deck der Verrazano Narrows Bridge (1964) in New York aufgehängt ist.

Die Trimmer-Straßenbrücke in Spencerport, New York, ist eine von mehreren nahezu identischen Fachwerkbrücken über den Eriekanal.

Eine Strauss-Bascule-Brücke am Cuyahoga-Fluß in Cleveland, Ohio, wurde aufgegeben und offen stehengelassen.

Zu den Mischbrückenformen gehört auch J. J. Arenas und M. J. Pantaleons Bogen- und Seil-Brücke, die Puente de la Barqueta (1992) in Sevilla, Spanien.

Die oberste Reihe des Pont du Gard, die einst zugänglich war, enthält einen zementierten Wasserkanal.

Ich durchschritt die drei Stockwerke (des Pont du Gard), in deren Innerem ein Gefühl des Respekts mich beinahe davon abhielt, den Fuß zu Boden zu setzen. Ob des Widerhalls meiner Schritte unter diesen immensen Gewölben bildete ich mir ein, die kräftigen Stimmen jener zu hören, die sie erbauten. In dieser Größe kam ich mir verloren vor wie ein Insekt. Trotz dieses Gefühls der Kleinheit war mir, als ob meine Seele nach oben schwebte, und ich sprach zu mir mit einem Seufzer: „Ach, warum bin ich nicht als Römer geboren?"
— Jean Jacques Rousseau, Bekenntnisse, 1781-88

Pont du Gard, Nîmes, Frankreich

Pont du Gard

Reste von 16 römischen Aquädukten sind in Spanien zu finden. Hier abgebildet ist der Aquädukt von Segovia, der aus zwei Reihen von 199 Feldern besteht, die man aus Granitblöcken ohne Mörtel hochgezogen hat. Die zwischen 41 und 54 n. Chr. erbauten Brücken sind länger als 800 Meter und werden immer noch benutzt.

Obgleich die Römer nicht die ersten Brückenbauer waren, errichteten sie doch die ersten großen Übergänge. Viele dieser Bauten überstanden zwei Jahrtausende voller Kriege, Überschwemmungen und menschlicher Einwirkungen. Einige der größten römischen Brücken waren Aquädukte. Sie dienten dem Transport von Wasser, das für die Römer fast ebenso bedeutend war wie ihre militärischen Eroberungen.

Der größte und einer der schönsten römischen Aquädukte ist der Pont du Gard. Er überquert den südfranzösischen Gard und ist Teil eines ganzen Aquädukt-Systems, das einst Wasser zur alten Stadt Nemausus, dem heutigen Nîmes, beförderte. Seine Größe, seine harmonische Gestaltung und der exzellente Erhaltungszustand machen ihn zu einem Meilenstein in der Geschichte der römischen Baukunst.

Mit einer Höhe von annähernd 47 Metern ist der Pont du Gard die höchste römische Brücke. Innerhalb der römischen Wassertechnik stellt er eine Ausnahme dar, da die römischen Leitungen das Wasser normalerweise auf Bodenhöhe oder unterirdisch durch Rohre beförderten. Er besteht aus zwei Reihen von Rundbögen, die aus Steinen zusammengesetzt sind; nur die oberste Reihe ist gemörtelt. Diese Steine, sogenannte „Voussoirs" (Gewölbeformsteine), üben, wenn sie in einem Bogen angeordnet sind, Druck nach unten und außen aus. Die Brückenpfeiler, die in der Dicke ein Fünftel der Bogenlänge anstatt des üblichen 1:3-Verhältnisses der meisten römischen Brücken messen, geben dem Bau eine schlanke Silhouette. Sie wird nur noch vom Aquädukt von Segovia übertroffen, der ein 1:8-Verhältnis von Pfeilerdicke zu Bogenbreite besitzt.

Allgemein wird angenommen, daß der Pont du Gard unter der Leitung von Marcus Vipsanius Agrippa (64-12 v. Chr.) erbaut wurde. In seinem umfassenden Buch *Roman Bridges* beschreibt Colin O'Connor die komplexe Hierarchie römischer Beamter, Architekten, Mathematiker, Ingenieure, Vermesser, Militärs und Arbeiter, deren Fähigkeiten innerhalb des riesigen Bauprogramms Roms so perfekt eingesetzt worden sind, daß sich überall im ehemaligen Römischen Imperium Spuren davon finden.

Ein Versuch zur baulichen Verbreiterung des Fußweges im 17. Jahrhundert hatte beinahe den Zusammenbruch des Pont du Gard zur Folge. Erfolgreich restauriert wurde der Aquädukt erstmals im Jahr 1669; eine weitere Instandsetzung erfolgte knapp 200 Jahre später, im Jahre 1855. Heute zeugt der Pont du Gard, der zum Weltkulturerbe der UNESCO zählt, von der Stärke des Gewölbebogens und des dauerhaften baulichen Erbes der Römer.

Die zwei unteren Reihen bestehen aus breiten Bögen; der längste Bogen, der den Fluß überquert, mißt 24 Meter. An den vorstehenden Steinen war während des Baus das Gerüst befestigt.

Überquert	Entwurf/Bau	Fertigstellung	Länge	Material	Typ
den Gard	Marcus Vipsanius Agrippa	18 v. Chr.	270 Meter	Mauerwerk	Aquädukt

Ein Senkkasten mit Seitenwänden aus miteinander fest verbundenen Eichenpfählen und Verbindungsstücken ist in das Wasser hineinzutreiben und dort fest zu verankern; nun muß die Fläche in seinem Inneren unter dem Wasser nivelliert und herausgeholt werden ... und schließlich, Zement ... muß aufgehäuft werden, bis der leere Raum, welcher innerhalb des Senkkastens gewesen, aufgefüllt ist.
— Vitruvius „De Architectura", um 27 v. Chr.

Engelsbrücke, Rom

Hadrian (Regierungszeit 114–138 n. Chr.), auf dem Höhepunkt des materiellen Reichtums des Imperiums, reiste stets mit einem Kontingent von „Geometern, Architekten und jeder Art Experten in Baukunst und Ausgestaltung". Die Engelsbrücke führt zu seinem Mausoleum, das später in Castel Sant'Angelo, die „Engelsburg", umbenannt wurde.

Engelsbrücke

Im zweiten vorchristlichen Jahrhundert hatten die Römer zwei grundlegende Probleme des Brückenbaus gelöst, die die Stabilität und die Langlebigkeit sicherstellten: die Anlage eines Fundaments in der Flußmitte und der Bau des Bogens, den es zu tragen hatte. Sechs der acht Steinbrücken, welche die Römer zwischen 200 v. und 260 n. Chr. über den Tiber bauten, stehen noch heute. Die berühmteste dieser Brücken – die Aelius-Brücke, später Engelsbrücke genannt – ist ein gutes Beispiel für die römischen Baumethoden.

Die Engelsbrücke besteht aus Steinbögen, deren längster 18 Meter mißt. Die 7 Meter hohen Pfeiler, die einzigen noch vorhandenen Reste der ursprünglichen Brücke, ruhen auf Fundamenten, die man 5 Meter unterhalb des Flußbettes anbrachte. Zu deren Anlage im Tiber verwendeten die Römer eine zeitlich begrenzte Umschließung, Senkkasten genannt. Wie im Quellenwerk des Ingenieurs Vitruvius *De Architectura* (um 27 v. Chr.) beschrieben wird, baute man einen Senkkasten aus einem Ring von Holzpfählen, die zur Erstellung einer Ummantelung in das Flußbett getrieben wurden. Nach dem Herauspumpen des Wassers und dem Freilegen der Konstruktion wurde der Senkkasten mit wasserfestem Zement, der sogenannten Pozzolanerde gefüllt, die sich aus Kalk, Sand, Wasser und zermahlenem Vulkangestein zusammensetzt. Dank der Entdeckung dieses Zements waren die Römer in der Lage, Pfeilerfundamente zu erstellen.

Die Verwendung des Steinbogens machte die Brücken haltbarer. Dem Brückenbau-Historiker David J. Brown zufolge ermöglichte die Benutzung eines selbsttragenden Rundbogens im Gegensatz zum Flachbogen, der einer starken Seitenversteifung bedurfte, „den römischen Baumeistern, ihre Brücken vom Ufer weg mit jeweils einem Bogen zu erstellen – Senkkasten, dann Fundamente, dann Pfeiler, dann Bogen –, im Gegensatz zu dem viel schwierigeren Verfahren, zuerst den ganzen Brückenunterbau anzubringen".

Obgleich exzellente Baumeister, waren die Römer doch nicht ganz perfekt. Nachdem sie den Rundbogen als ihre Erfindung beansprucht hatten, zeigten sie wenig Interesse an einer Beschäftigung mit anderen Bauweisen. Ihre Fundamente – die in einigen Fällen nicht tief und in anderen nicht stark genug waren – wurden marode, so daß ein Neubau vieler Brücken notwendig wurde. War die Bautätigkeit der Römer jedoch erfolgreich, so schienen ihre Brücken für die Ewigkeit errichtet.

Eine Zeichnung des Brückenmittelpfeilers von Piranesi zeigt seinen immensen Unterbau. Oben auf dem Plan ist eine Ansicht des verlängerten Pfeilerkopfes.

Zehn anmutige Engelstatuen nach Entwürfen des Barockbildhauers Gian Lorenzo Bernini wurden 1688 auf der Brückenbrüstung angebracht.

| Überquert den Tiber | Entwurf/Bau Hadrian | Fertigstellung 134 n. Chr. | Spannweite 18 Meter | Material Mauerwerk | Typ Bogenbrücke |

Die Anji-Brücke, bewundert und geschätzt durch die Jahrhunderte hindurch, gilt immer noch als Monument frühchinesischer Errungenschaften in Baukunst wie Ästhetik.
— Ronald G. Knapp, „Eine Brücke am Xiao", in: Archaeology, 1988

Anji-Brücke, Zhaoxian, China

Anji-Brücke

Acht Stunden südwestlich von Peking, dort, wo der Xiao durch die nördliche Ebene Chinas fließt, steht die bemerkenswerte Anji-Brücke. Von Li Chun im späten sechsten Jahrhundert entworfen, zeichnet sich diese Brücke durch die erstmalige Verwendung eines Flachbogens beim Brückenbau aus. Hier wurden auch zum ersten Mal offene Bogenzwickel verwendet, wodurch die Brücke leichter wurde – eine Neuerung, die sich in der westlichen Welt erst im 19. Jahrhundert durchzusetzen begann.

Die Anji, auch Zhaozhou oder Große Steinbrücke genannt, wurde während der Herrschaft der mächtigen, wenn auch nur kurzlebigen Sui-Dynastie (581–617) erbaut. Überdies wurde in dieser Zeit eine Anzahl monumentaler Baumaßnahmen in die Wege geleitet, wie beispielsweise der Große Kanal und der Neubau der Großen Mauer.

In seinem maßgebenden Werk *Chinese Bridges* beschreibt Ronald G. Knapp die Bedingungen, die den Entwurf sowie den Bau der Anji bestimmten. Der breite, schnellfließende Xiao ließ die Anbringung vieler Steinpfeiler nicht zu. Ein einfacher Rundbogen war gleichfalls ausgeschlossen. Eine flache Balkenbrücke hätte zwar den ständigen Strom von Fußgängern, Tieren und Karren aufgenommen, aber nicht ausreichend Raum für die Boote darunter geboten. Li Chun löste dieses Pro-

Das mythische Tier auf der zentralen Brüstung der Brücke – ein grimassenschneidendes *Tao tie* mit offenem Maul – wurde zum Schutz vor Überschwemmungen angebracht.

blem durch den Entwurf eines längeren und flacheren Bogens, der eher einen Teil bzw. ein Segment eines Kreises als einen ganzen Halbkreis übernahm, um sowohl eine ausreichende Höhe wie auch eine sanfte Neigung zu erhalten. Um Gewicht und Druck durch den Bogen zu reduzieren, wurden die Bogenzwickel durchbohrt.

28 parallel verlaufende Bögen aus massiven eisenarmierten konischen Blöcken aus Kalkstein verleihen der Brücke große Flexibilität. Da der Steinbruch etwa dreißig Kilometer von der Baustelle entfernt war, wurden die Steine nur im Winter befördert, wenn man sie über Eis ziehen konnte – so ist es zu erklären, daß der Bau der Brücke mehr als ein Jahrzehnt in Anspruch nahm.

Nach einer Tang-Chronik aus dem achten Jahrhundert war die klare Silhouette der Brücke ursprünglich mit dekorativen Flachreliefs aus ineinander verschlungenen Drachen und anderen Tieren versehen. Bei der erstmaligen Untersuchung der Brücke im Jahr 1934 waren diese Reliefs verschwunden; einige von ihnen wurden jedoch bei einer späteren Grabung gefunden und sind nun in der Nähe der Anji ausgestellt.

Die nach 1400 Jahren immer noch genutzte Anji-Brücke leitete in China eine neue Ära des Brückenbaus ein. Keiner Brücke wurde so viel Ehre zuteil. So verglich sie ein Poet der Ming-Dynastie mit einem „neuen Mond, der sich über den Wolken erhebt."

Die exzellente Bauweise der Brücke offenbart sich bei diesem Detail eines Bogenzwickels, der die Eisen- und Steinverarbeitung zur Stabilisierung der Gewölbesteine zeigt.

| Überquert | den Xiao | Entwurf/Bau | Li Chun | Fertigstellung | spätes 6. Jhd. | Länge | 40 Meter | Material | Kalkstein | Typ | Bogenbrücke |

Im Mittelalter war die Hoffnung auf eine spirituelle Belohnung im Leben nach dem Tode ein bedeutender Ansporn, den Kirchen- und Brückenbau voranzutreiben sowie soziale Aufgaben — etwa die Pflege der Schwachen und Kranken — zu übernehmen.
— Marjorie Nice Boyer, Medieval French Bridges, 1976

Im Mittelalter leiteten Mönche den Bau von Brücken, die man als fromme Werke betrachtete. Der Klerus förderte den Brückenbau durch Spenden, Stiftungen sowie Zuwendungen, die aus Ablässen bzw. Sündenbefreiungen finanziert wurden.

Pont d'Avignon, Avignon, Frankreich

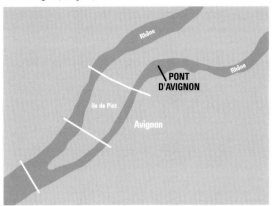

Pont d'Avignon

Zufolge einer Legende ereignete sich im Jahre 1178 eine Sonnenfinsternis. Die verängstigte Stadtbevölkerung versammelte sich auf dem Marktplatz, wo der Bischof eine Rede hielt. Plötzlich wurde er von einem zerlumpten Schafhirten namens Bénezet unterbrochen, der in der Sonnenfinsternis ein Zeichen Gottes dafür sah, daß eine Brücke gebaut werden sollte. Um seine These zu beweisen, hob Bénezet einen massiven Steinblock hoch und trug ihn zu der Stelle, an der die Brücke entstehen sollte. Die Anwesenden glaubten, in diesem Akt ein Zeichen Gottes zu erkennen und beauftragten Bénezet mit dem Brückenbau. Aufgrund dieses Wunders wurde Bénezet heiliggesprochen. Eine andere Version über die Entstehung der Brücke lieferte ein Architekturhistoriker des 19. Jahrhunderts, Viollet-le-Duc. Er schrieb ihren Entwurf einer Gruppe von Mönchen zu, die die Brücke unter der Leitung des Bruders Benoît erbaut hätten.

Welche Geschichte auch immer zutreffen mag: Feststeht, daß die sich schnell ausbreitende mittelalterliche Infrastruktur nach neuen Brücken verlangte. Diese Arbeiten wurden von Mönchen beaufsichtigt, denen man auftrug, „Brücken und Straßen zu bauen und so euren Weg gen Himmel vorzubereiten". Diese Bruderschaften errichteten zudem Hospitäler und Herbergen, insbesondere an Flußübergängen. Finanziert wurden diese Bauten von den Stiftungen der Gläubigen, denen man dafür eine Belohnung im Leben nach dem Tode versprach.

Die ursprünglichen technischen Daten des Pont d'Avignon sind unbekannt, obwohl man annimmt, daß er einst nahezu 900 Meter lang war. Die Brücke überquerte dort den Fluß, wo er durch die Insel Barthelasse geteilt ist. Um die Auswirkungen von Überschwemmungen zu vermindern, wurde der heute zerstörte Westteil der Brücke in einem Winkel von 30° gebogen. Dieser westliche Brückenteil bestand aus einer Reihe von 20 elliptischen Bögen, jeder mit einer Spannweite von mehr als 30,50 Metern, auf Pfeilern von 7,6 Metern Stärke. Zum Schutz der Stadt vor Eindringlingen wurde die Brücke mit einer extrem schmalen Straße gebaut – sie mißt nur zwei Meter auf der Avignon-Seite – und konnte so leicht verteidigt werden.

1226 wurde die Stadt von Louis VIII. eingenommen, der die Zerstörung der Brücke befahl. Die Einwohner von Avignon reparierten sie allerdings später. Der wiederhergestellte Bau war wesentlich anfälliger für äußere Einwirkungen als die ursprüngliche Brücke. Er wurde – bis auf vier Bögen – im 17. Jahrhundert bei einer Reihe von Überschwemmungen zerstört.

Sur le pont d'Avignon,
L'on y danse, l'on y danse;
Sur le pont d'Avignon,
L'on y danse, tout en rond.
— Traditionelles französisches Volkslied

Brücken, die von der Kirche häufig als Metapher für den gefahrvollen Weg der Seele benutzt wurden, waren oft mit Heiligenbildnissen geschmückt. Viele Brücken besaßen eine Kapelle, manche sogar mehrere. Fünfhundert Jahre lang war Bénezet in der Kapelle seiner eigenen Brücke beigesetzt; nun ruhen seine Gebeine in Saint-Didier in Avignon.

Überquert	Entwurf/Bau	Fertigstellung	Ursprüngliche Länge	Material	Typ
die Rhône	unbekannt	1187	900 Meter	Mauerwerk	Bogenbrücke

Der Ponte Vecchio, der gleichermaßen eine Piazza, einen geschäftigen Marktplatz und an einem Ende ein Hospital beherbergte . . . konnte als eine Stadt im Kleinen angesehen werden.
— R. W. B. Lewis, The City of Florence, 1995

Anbauten über Jahrhunderte hinweg geben der Brücke ihre charakteristische und ungleichmäßige Gestalt.

Ponte Vecchio, Florenz, Italien

Ponte Vecchio

Der Ponte Vecchio ist mehr als eine Brücke. Er ist eine Straße, ein Markt, ein öffentlicher Platz und ein wahres Schmuckstück von Florenz, einer Stadt, deren Individualität seit jeher durch ihre Brücken und den ungestümen Fluß bestimmt wurde.

Die erste solide Brücke über den Arno, erbaut nach der Überschwemmung von 1177, war eine bewohnte Brücke, wie sie im Mittelalter im gesamten europäischen Raum üblich war. Metzger, Gerber und Bauern boten ihre Waren in den Geschäften feil, die die Straße säumten. Aus der Pacht wurden neue Bauvorhaben finanziert. Um die Ausbreitung der Stadt zu ermöglichen, wurden drei weitere Brücken erstellt: die Santa Trinità, die Nuovo (die heutige Carraia) und die Rubaconte (heute: Grazie). Im Jahr 1218 begann man, die älteste Brücke als die Vecchio (= alt) zu bezeichnen, um sie von den neueren zu unterscheiden.

Der Ponte Vecchio, der die zwei Hälften der ummauerten Stadt Florenz verband, war sozialer wie auch geschäftlicher Mittelpunkt. Die Brücke widerstand den periodisch auftretenden Feuersbrünsten und Überschwemmungen, bis sie schließlich 1333 einer gewaltigen Flut zum Opfer fiel, bei der zahlreiche Florentiner ums Leben kamen. Wenngleich umstritten, wird die gegenwärtige Anlage Taddeo Gaddi (um 1300–1366) zugeschrieben.

In einer radikalen Abkehr von brückenbaulichen Konventionen verwendete Gaddi nicht den von den Römern bevorzugten Rund-, sondern einen Flachbogen, wie er schon Jahrhunderte zuvor von den Chinesen benutzt worden war (siehe S. 19). Die massiven Pfeiler sind zur Verringerung des Strömungswiderstandes mit zugespitzten Köpfen abgeschlossen. In der Brückenmitte beließ Gaddi eine Piazza für die Bürger.

Im Jahre 1565 entschloß sich der Herzog Cosimo I. Medici zu einem Umbau. Seine Pläne, die von dem großen Architekten Giorgio Vasari umgesetzt wurden, sahen die Erstellung eines überdachten Weges vor, der von den Uffizien aus über den Ponte Vecchio zum Palazzo Pitti führen sollte. Dieser Weg, der als Demonstration adliger Macht ausschließlich über der Straßenhöhe verlief, sollte dem Herzog und seinem Hofstaat vorbehalten bleiben. So überraschte es niemanden, daß man einen Erlaß zur Entfernung der bisherigen Bewohner der Brücke bald in die Tat umsetzte – von nun an wurde der Ponte Vecchio Aufenthaltsort der städtischen Goldschmiede und Geldwechsler. Seit dieser Zeit werden dort Luxusgüter verkauft.

Der Arno trat 1966 erneut über die Ufer und löschte dabei die Stadt nahezu aus. Nach Aussage von Augenzeugen war die Katastrophe beinahe noch schlimmer als die Ereignisse in der Nacht des 3. August 1944, als deutsche Bomber fast sämtliche Brücken von Florenz in Schutt und Asche verwandelten – mit Ausnahme der Ponte Vecchio, der auf direkten Befehl Hitlers verschont blieb.

Nach dem Krieg wurden phantasievolle Pläne zur Wiederbebauung des Areals um den Ponte Vecchio ausgearbeitet, doch niemals ausgeführt. Im Herzen des malerischen Durcheinanders von Banken, Restaurants und Hotels blieb der Ponte Vecchio somit in seiner alten Pracht erhalten.

| Überquert | den Arno | Konstrukteur | Taddeo Gaddi | Fertigstellung | 1345 | Länge | 100 Meter | Material | Mauerwerk | Typ | Bogenbrücke |

Am 9. November 1993 brach nach fast 24 Stunden Artilleriefeuer die Alte Brücke zusammen und versank im Fluß. Sie wurde durch eine Hängebrücke aus Metall ersetzt.

Mostar, Bosnien-Herzegowina

Brücke von Mostar

... sie hatten sich schon immer um die Brücke gekümmert; sie hatten sie saubergehalten, verschönert, sie bis zu den Fundamenten hinunter repariert, die Wasserversorgung darüber befördert, sie mit elektrischem Licht beleuchtet und dann, eines Tages, all das hochgehen lassen, als sei es ein Stein in einem Gebirgssteinbruch gewesen und kein Ding von Schönheit und Wert, ein Vermächtnis.

— Ivo Andric, Die Brücke über die Drina, 1959

Nach den verheerenden Verlusten von Kunst- und Architekturschätzen in Europa während des Zweiten Weltkriegs unterzeichnete man 1954 in Den Haag den Vertrag zum Schutz von Kulturgütern im Falle eines bewaffneten Konflikts. Diesem Abkommen zufolge ist das kulturelle Erbe ein menschliches Grundrecht, internationalen Respekts und Schutzes würdig. Trauigerweise schützte der Vertrag weder Mostar noch seine 400 Jahre alte Brücke, die der Stadt ihre Lebendigkeit, den Namen und ihre Bedeutung als Verkehrsknotenpunkt zwischen Ost und West verlieh.

Mostar, eine große Ortschaft in Bosnien-Herzegowina, entstand auf beiden Seiten der Neretva. Sie wurde nach der Brücke in ihrer Mitte benannt, der Stari Most oder „Alten Brücke", wie man den Bau allgemein bezeichnete. Als Meisterstück ottomanischer Baukunst wurde die aus einem einzigen Bogen bestehende Brücke im 16. Jahrhundert von dem türkischen Baumeister Hajrudin für den Herrscher Suleiman den Prächtigen gebaut. Die Stadt, die um die Brücke emporwuchs, wurde ein von Moslems, Kroaten und Serben gleichermaßen geschätzter Mittelpunkt für Handel und Kultur. Ungeachtet regionaler Konflikte erhoben sich Mostars eng benachbarte Moscheen, Synagogen und Kirchen jahrhundertelang als sichtbare Zeichen für die friedliche Koexistenz der verschiedenen Glaubens- und Volksgemeinschaften.

In glücklicherer Zeit erschreckten Kinder die Touristen, indem sie für ein paar Münzen von der Brücke ins Wasser sprangen.

Der brutale Krieg von 1993 zwischen Serben und Moslems riß die Stadt buchstäblich entzwei, die Alte Brücke wurde dabei zerstört. Im Zuge der „ethnischen Säuberung" wurden Hunderte unersetzlicher architektonischer Schätze auf dem Balkan abgebrannt, gesprengt und niedergewalzt – dabei handelte es sich offenbar um den Versuch der Serben, durch die Zerstörung von Treff- und Versammlungspunkten die kulturelle Identität der anderen Volksgruppen zu vernichten.

Auch wenn das Leid der Menschen die schlimmste Tragödie des bosnischen Bürgerkrieges darstellt, sollten darüber die Architekturdenkmäler nicht vergessen werden, stellen sie doch einen unersetzlichen Schatz für die einzelnen Bevölkerungsgruppen der Stadt dar.

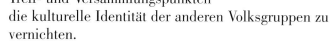

Jahrhunderte des Handels haben die Kalksteine der Brücke glattpoliert.

Überquert	Entwurf/Bau	Fertigstellung	Länge	Material	Typ
die Neretva	Hajrudin	1566 / Zerstört 1993	27 Meter	Stein	Bogenbrücke

Allein Venedig zu sehen, bedeutet schon Glück genug.
— Henry James, Italian Hours, 1909

Rialto-Brücke, Venedig

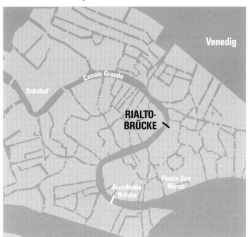

Venedigs Seufzerbrücke, die diesen Namen erhielt, weil früher die Gefangenen über sie zum Kerker gingen, wurde von da Pontes Neffen Antonio Contino entworfen.

Rialto-Brücke

Ich glaube, einer der großen Augenblicke des Canale Grande ist dann gekommen, wenn man die Biegung am Fischmarkt umrundet hat und den Rialto vor sich sieht, genau so, wie man ihn sich sein ganzes Leben lang vorgestellt hat. Die Rialto-Brücke ist eines der wenigen venezianischen Baudenkmäler, das wirklich Genialität besitzt.

— James Morris, The World of Venice, 1960

Venedig weist Brücken jeder Art und Größe auf. In der Lagunenstadt stößt man auf Brücken mit Namen wie „Brücke des Strohs", „Brücke der Ehrlichen Frau", „Brücke der Höflichkeit", „Brücke des Paradieses", „Seufzerbrücke", aber auch auf die „Kleine Brücke", die „Lange Brücke" und die bekannteste der Stadt, die Rialto-Brücke.

An der schmalsten Stelle des Canale Grande befindet sich der Rialto, das wirtschaftliche Herz der Stadt. Die Brücke dort – die die Venezianer schon seit jeher den Ponte di Rialto nennen, um sie vom Bezirk zu unterscheiden – ist nur eine von vielen, die diesen Ort seit Jahrhunderten überspannt haben. Die erste war eine 1173 erstellte Pontonbrücke. Die zweite, eine Holzbrücke, wurde im Jahre 1310 während des Tiepolo-Aufstandes zerstört. Das Gewicht der Menge, die sich 1444 versammelt hatte, um die Hochzeit des Marquis von Ferrara zu sehen, zerstörte die dritte Brücke. Sie wurde durch eine große Holzbrücke mit Geschäften und einer zentralen Zugbrücke ersetzt, die bis zur Mitte des 16. Jahrhunderts dort stand. Dann traf man die Entscheidung, sie in Stein neu anzulegen. In dem möglicherweise bedeutendsten Architekturwettbewerb, der jemals abgehalten wurde, holte sich die Stadt Entwürfe vom Pantheon der Renaissancekünstler, unter anderem von Michelangelo, Sansovino und Palladio. Palladios Entwurf für eine fünfbogige Säulenbrücke wurde in seinen *Quattro Libri dell' Architettura* aus dem Jahr 1570 veröffentlicht und inspirierte ein ganzes Heer von Nachahmern (siehe S. 32 f.). Schließlich wandte sich die Prüfungskommission an den weniger bekannten Architekten Antonio da Ponte, der mit seinem Neffen Antonio Contino die nur aus einem Bogen bestehende Marmorbrücke zwischen 1588 und 1591 erbaute. Zwei Reihen von Ladengeschäften und eine Straße in der Mitte sind innerhalb ihrer Arkaden verborgen.

Die Brücke hat Überschwemmungen, Erdbeben und auch Spott überdauert, denn bis heute wird sie von den Klassik-Puristen als unpraktisch und schwerfällig angesehen, als „weißer Elefant" bezeichnet. Zahlreiche Maler widmeten sich der Rialto-Brücke jedoch mit viel Liebe, so vor allem Canaletto (1697–1768). Geliebt oder nicht, die Rialto-Brücke ist ein Symbol Venedigs geworden.

Die Brücke beim Wilton-Haus in England (1737) war die erste von vielen, die nach Palladios Entwurf der Rialto-Brücke gebaut wurde.

Die Brücke enthält eine Darstellung der Mariä Verkündigung: Auf der linken Seite des Bogens ist der Erzengel Gabriel, auf der rechten Seite die Jungfrau Maria dargestellt. In seinem Epos *The Stones of Venice* (1853) erwähnt John Ruskin dieses Marienbildnis als schönstes Detail der Brücke. Im Hintergrund des mittleren Banners ist eine Taube als Symbol für den Heiligen Geist zu sehen.

Überquert	Entwurf/Bau	Fertigstellung	Spannweite	Material	Typ
den Canale Grande	Antonio da Ponte	1591	27 Meter	Marmor	Bogenbrücke

Kein einzig Ding
Hab ich genau betrachtet;
Zu energisch sind meine Füße
Auf dem Weg des Lebens.
— Mori Ogai (1862–1922)

Während die meisten Brücken durch den über sie hinströmenden Verkehr kaum wirklich bemerkt werden, schenkt man den Fußgängerbrücken, wie man sie in Parks und Gärten findet, weitaus mehr Beachtung. Denn in einem Garten kann man in aller Ruhe über das Wesen einer Brücke nachsinnen, über ihre Rolle, die sie im Verhältnis zwischen Mensch und Natur spielt.

Wenn auch den Menschen das Bewußtsein, Teil der Natur zu sein, niemals wirklich abhanden gekommen ist, strebten sie doch immer wieder danach, die Natur mit Hilfe der Technik zu erobern und zu beherrschen. Die Geschichte des Gartenbaus macht die eine oder andere dieser widerstreitenden Verhaltensweisen deutlich. Während der japanische Garten durch die Vorstellung beeinflußt ist, daß die Menschheit Teil der Natur ist, sind die Renaissancegärten von der Idee geprägt, daß die Menschen Herren über die Natur sind. Als „Schnittstelle" zwischen Natur und Menschenwerk können die mit Symbolen „aufgeladenen" Gartenbrücken angesehen werden.

Die ersten traditionellen japanischen Gärten, die der Heian-Periode (784–1185) stammen, spiegeln den Einfluß früherer chinesischer Anlagen, deren eleganter Entwurf von den taoistischen und buddhistischen Tugenden von Harmonie, Ordnung und Ausgleich bestimmt war. Man konstruierte die Gärten sorgfältig als eine Reihe miteinander verbundener, jedoch deutlich differenzierter Sinneseindrücke.

Mit der Einschränkung von Ausblicken und Beherrschung der im Garten gesammelten Erfahrungen sind Brücken ein wichtiges Element der verschlüsselten räumlichen und symbolischen Kompositionen orientalischer Gärten. Brücken legen Zeugnis ab von den Zwiespältigkeiten des Lebens: Ordnung und Spontaneität, Tiefe und Oberflächlichkeit, Beständigkeit und Wechsel, Stille und Bewegung. Dazu paßt der japanische Ausdruck „hashi", der einerseits „Brücke" und andererseits „Rand" bedeutet.

Die künstlichen geometrischen Gärten im Frankreich des 17. Jahrhunderts, die von André le Nôtres Anlagen in Versailles geprägt wurden, „verwandelten" sich durch die Engländer in regelrechte Hymnen an die Wildheit der Natur. Mit der Ad-Fontes-Bewegung des 18. Jahrhunderts bezog man palladianische Brücken zusammen mit anderen klassisch-architektonischen „Narrheiten" als auffällige Verzierungen in die großen englischen Privatbesitzungen mit ein.

Frederick Law Olmsted (1822–1903) und Calvert Vaux (1824–1895) führten diesen romantischen Brauch fort, als man sie 1858 mit der Anlage des New Yorker Central Parks beauftragte. Aber überzeugt davon, daß die Natur ohne künstliche Beigaben das einzig wirksame Gegenmittel zur ungebändigten städtischen Umgebung sei, verbargen sie die knapp vierzig Brücken durch Nivellierung, so daß man sie erst dann sah, wenn sich der Spaziergänger auf ihr befand.

Die Anlage von Trittstein-Brücken wie die hier abgebildete am Heian-Jingu-Heiligtum in Kyoto scheint dem Zufall überlassen.

Üppig bemalte Fliesen zieren die Brücke am Plaza de España in Sevilla. Sie wurde von Hannibal Gonzalez für die ibero-amerikanische Ausstellung im Jahr 1929 geschaffen.

Die Bogenbrücke (1862), die bekannteste Brücke im Central Park, ist die älteste schmiedeeiserne Balkenbrücke in Amerika.

Gartenbrücken

Auch die Darstellung von Brücken übte eine starke Anziehungskraft auf die japanischen Künstler aus, besonders auf Katsushika Hokusai (1760–1849) und Ando Hiroshige (1797–1858), die auf vielen ihrer Holzschnitte Brücken in die Landschaft integrierten. Im 19. Jahrhundert ins Ausland gebracht, hatten der Inhalt und die Komposition ihrer Werke großen Einfluß auf die Impressionisten. Die bemerkenswertesten impressionistischen Gemälde von Brücken schuf Claude Monet (1840–1926), der sich Ende 1890 Grundbesitz in Giverny erwarb. Sein Ausbau des dortigen Gartens beinhaltete auch die Eindämmung eines Flusses, wodurch ein Teich entstand, über den er eine Brücke „nach japanischem Geschmack" anlegte.

Brücke, Landschaft und Wetter bilden in diesem Werk des japanischen Meisterdruckers Hiroshige ein harmonisches Ganzes.

Die Holzbrücke bei Giverny, umgeben von Wasserlilien, Iris und Glyzinien, spielt eine wichtige Rolle in Monets späteren Gemälden.

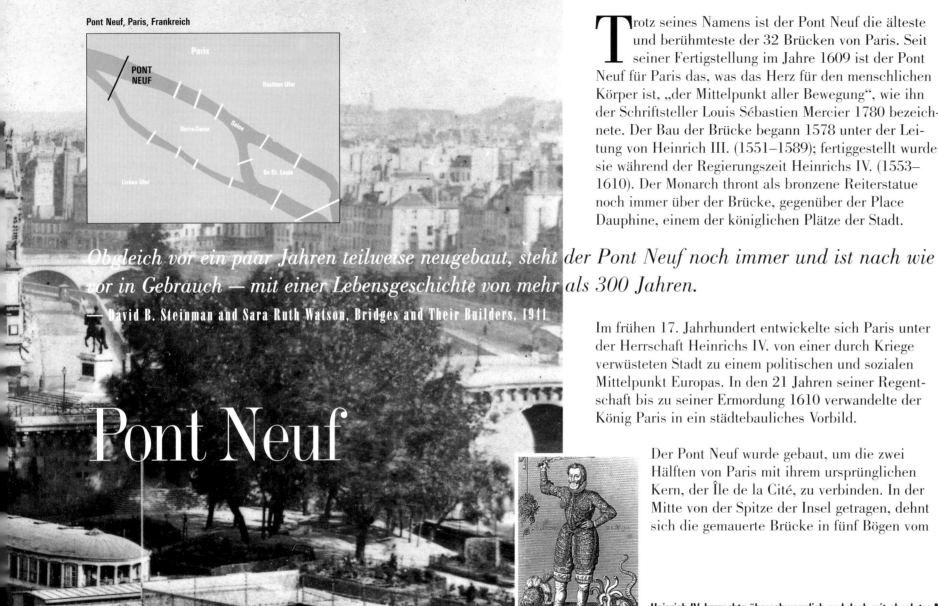

Pont Neuf, Paris, Frankreich

Obgleich vor ein paar Jahren teilweise neugebaut, steht der Pont Neuf noch immer und ist nach wie vor in Gebrauch — mit einer Lebensgeschichte von mehr als 300 Jahren.
— David B. Steinman and Sara Ruth Watson, Bridges and Their Builders, 1941

Pont Neuf

Trotz seines Namens ist der Pont Neuf die älteste und berühmteste der 32 Brücken von Paris. Seit seiner Fertigstellung im Jahre 1609 ist der Pont Neuf für Paris das, was das Herz für den menschlichen Körper ist, „der Mittelpunkt aller Bewegung", wie ihn der Schriftsteller Louis Sébastien Mercier 1780 bezeichnete. Der Bau der Brücke begann 1578 unter der Leitung von Heinrich III. (1551–1589); fertiggestellt wurde sie während der Regierungszeit Heinrichs IV. (1553–1610). Der Monarch thront als bronzene Reiterstatue noch immer über der Brücke, gegenüber der Place Dauphine, einem der königlichen Plätze der Stadt.

Im frühen 17. Jahrhundert entwickelte sich Paris unter der Herrschaft Heinrichs IV. von einer durch Kriege verwüsteten Stadt zu einem politischen und sozialen Mittelpunkt Europas. In den 21 Jahren seiner Regentschaft bis zu seiner Ermordung 1610 verwandelte der König Paris in ein städtebauliches Vorbild.

Der Pont Neuf wurde gebaut, um die zwei Hälften von Paris mit ihrem ursprünglichen Kern, der Île de la Cité, zu verbinden. In der Mitte von der Spitze der Insel getragen, dehnt sich die gemauerte Brücke in fünf Bögen vom linken Ufer und in sieben vom rechten Ufer her aus. Nach dem Entwurf von Baptiste Androuet Du Cerceau (1560?–1602?) ist die Brücke eine asymmetrische Kombination von Rundbögen. Die Spannweiten, die zwischen 9 und 19 Metern betragen, variieren nicht nur im Vergleich zueinander, sondern auch in den flußauf- und -abwärts gelegenen Seiten desselben Bogens. Die Brückenfundamente erfuhren unter Napoleon III. zusammen mit den Bögen des langen Teils, die elliptisch gestaltet wurden, einen völligen Neubau.

An jedem Pfeiler schwingt sich die Brüstung nach außen zu halbmondförmigen Erkern, in denen es früher von Straßenhändlern wimmelte, bis man diese schließlich 1756 vertrieb. John Russell beschreibt in seinem Buch *Paris* den Pont Neuf als Ort, wo „man sich einen Zahn ziehen lassen und Seiltänzer beobachten konnte, ein „Lancret" oder einen „Fragonard" kaufen, zur Armee gehen, ein neues Buch von Marivaux oder eine Erstausgabe von **Manon Lescaut** auftreiben konnte, eine Fahrt mit einem Ballon in die Wege leiten, einem Stierkampf zusehen, Fechtstunden nehmen oder einer chirurgischen Vorführung beiwohnen konnte".

Der unvergängliche Pont Neuf ist auch heute noch geschäftiger Mittelpunkt des Pariser Lebens.

Im September 1985 wickelten 300 Arbeiter unter der Anleitung der Künstler Christo und Jeanne-Claude die Brücke für vierzehn Tage in einen goldenen Seidenstoff. „Der verpackte Pont Neuf" hob die Proportionen der Brücke hervor und rief auch die extravaganten Zu- und Umbauten ins Gedächtnis. Die Kosten für die Verpackungsaktion übernahmen die Künstler.

Heinrich IV. herrschte überschwenglich und doch mit absoluter Macht. Bei den französischen Bauern machte er sich mit dem schlichten Versprechen beliebt, daß sich „an jedem Sonntag ein Huhn in jedem Topf" finden sollte. Eine Anekdote berichtet, daß er vor Fertigstellung des Pont Neuf von Pfeiler zu Pfeiler sprang, bis er ans andere Ufer gelangte.

Überquert	Entwurf/Bau	Fertigstellung	Länge	Material	Typ
die Seine	Baptiste Androuet Du Cerceau	1609	232 Meter	Mauerwerk	Bogenbrücke

Für die Architekten der englischen Landschaftsgärten bedeutete die Unterbringung der Palladianischen Brücke, selbst in freiem Ensemble, eine Huldigung wie auch eine Verpflichtung.
— Jan Pieper, Palladian Bridges, Daidalos, 1995

Im 18. Jahrhundert nannte man hölzerne Fachwerkbrücken oft auch Palladianische Brücken. Diese hier, die viel bewunderte Mathematische Brücke des Queens' College in Cambridge, England, wurde 1749 nicht genagelt, sondern zusammengedübelt.

Palladianische Brücke, Buckinghamshire, England

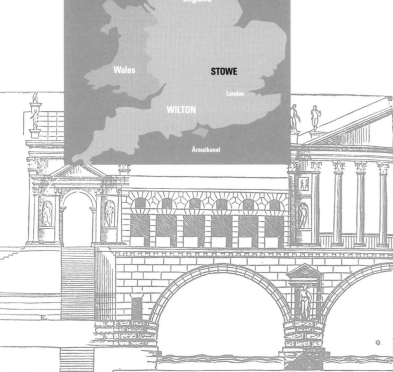

Palladio hielt den Entwurf der Rialto-Brücke, von dem hier ein Detail zu sehen ist, für seinen besten Entwurf überhaupt.

Palladianische Brücke

Andrea Palladio (1508–1580), einflußreichster Architekt der italienischen Renaissance, schrieb als erster ausführlich über Brücken. Im dritten Buch seiner *Quattro Libri dell' Architettura* (1570) rekonstruierte er verschiedene antike römische Übergänge und veröffentlichte Pläne und Aufrisse für Brücken aus Holz und Mauerwerk, einschließlich seines Entwurfs für die Rialto-Brücke. Durch seine Schriften und Bauten verbreiteten sich Palladios Ideen von Venedig aus nicht nur über ganz Europa, sondern „eroberten" auch die Vereinigten Staaten, das kaiserliche Rußland und Westindien. Die Klarheit sowie die harmonischen Maße seiner Bauwerke wurden auf der ganzen Welt begeistert aufgenommen.

Im frühen 18. Jahrhundert hatte sich die architektonische Ästhetik Palladios auch im ländlichen England durchgesetzt. Die britischen Gärtner, die von der strengen Geometrie der französischen Gärten genug hatten, begannen nun luxuriöse Anlagen zu schaffen, die, obgleich in Wahrheit höchst kunstvoll, als die „natürlichste Natur" überhaupt erschienen. Im neuen englischen Garten hatte die Landschaft eine entspannende, unregelmäßige Form, in der sich Wiesen, Waldstücke und künstliche Seen abwechselten.

Von 1730 an wurde unter der Leitung von William Kent (1685–1748) und später von Lancelot „Capability" Brown (1716–1783) der Grundbesitz des Stowe-Hauses, ein riesiges Anwesen in Buckinghamshire, England, im neuen Gartenbaustil umgewandelt. Die Stowe-Landschaft, deren Entwicklung über ein Jahrhundert in Anspruch nahm, enthält auch etwa 38 architektonische Ausschmückungen oder „Follies" (Narrheiten), einschließlich einer Brücke im Palladianischen Stil, was dem Grundstück einen antiken, klassischen Charakter verleiht. Es wird jedoch nirgends erwähnt, wer die Palladianische Brücke gebaut hat.

Diese ist, ebenso wie ihre Zwillingsschwester am Wilton-Haus (siehe S. 27), weniger eine Kopie des Rialtoplanes als vielmehr eine Neuzusammenstellung von Palladios charakteristischen Elementen. Wie die Rialto-Brücke enthält auch sie eine ionische Kolonnade und überwölbte und mit Giebelfeld ausgestattete Pavillons an den Enden. Die Brücke ist zwischen den Gärten des Herrensitzes selbst und dem Anwesen gelegen, das im neuen englischen Stil geschaffen wurde.

Durch die Zeiten und Kulturen hindurch wurden Brücken als Symbole des Überganges bezeichnet. Man verglich sie mit dem Weg der Seele in die jenseitige Welt und mit Symbolen der Vergänglichkeit und den Stufen auf dem Lebensweg. Innerhalb der englischen Gärten kennzeichnet die Palladianische Brücke, wie in einem *Daidalos*-Artikel (1995) von Jan Pieper beschrieben, den Übergang vom strengen, künstlichen Garten zur neuen künstlerischen Freiheit des Gartenparks.

Obwohl mehrmals neu erbaut, entspricht die Holzbrücke über die Brenta in Bassano del Grappa noch immer exakt dem Entwurf Palladios aus dem Jahr 1569. Die ursprüngliche Brücke stand 178 Jahre lang und bezeugte so die Festigkeit dieses Baus.

Überquert	Entwurf/Bau	Fertigstellung	Länge	Material	Typ
den Octagon-See	unbekannt	um 1744	28 Meter	Stein	Bogenbrücke

Die Eisenbrücke ist im Geiste des Maurerhandwerks entworfen, die Details der Bauteile hingegen entsprechen unmißverständlich zeitgenössischen Holzkonstruktionen.
— Robert Maguire und Peter Matthews, The Ironbridge at Coalbrookdale, Architectural Association Journal, 1958

Eisenbrücke, Coalbrookdale, England

Die wunderschön gelegene Brücke war schon kurz nach ihrer Fertigstellung ein beliebtes Ziel von Künstler-Wallfahrten und inspirierte Radierungen wie die oben abgebildete aus dem Jahr 1768.

Eisenbrücke

Die Eisenbrücke von Coalbrookdale war zukunftsträchtig. Sie stellte zwar keinen technologischen Durchbruch dar auch war sie keineswegs die erste Brücke, bei der Eisen als Baumaterial verwendet wurde. Als erster vollkommen aus Eisen erstellter Großbau konnte sie jedoch als frühes Zeichen der fundamentalen Veränderungen, die die industrielle Revolution in England mit sich brachte überdauern. Zwei technische Neuerungen dieser Aufbruchszeit – die Dampfmaschine und die Verwendung von Eisen – sollten die Welt unwiderruflich verändern.

Der Severn schlängelt sich durch die malerische Ortschaft Coalbrookdale in Shropshire, wo man zuerst Eisen mit Hilfe von Koks schmolz. Als Ersatz für eine bis dahin verwendete Fähre zeichnete Thomas Farnolls Pritchard die Pläne für eine gußeiserne Bogenbrücke aus fünf nahezu halbkreisförmigen Trägern für eine sieben Meter breite Eisenstraße. Es war Abraham Darby III., ein meisterhafter Eisenarbeiter in der dritten Generation, der Pritchard darauf hinwies, daß Eisen eine stärkere und weniger schwere Alternative zu Holz oder Stein sei. Unter den Architekturhistorikern ist umstritten, wer die endgültigen Pläne für die Brücke zeichnete, da Pritchard kurz nach der Zusammenkunft starb, bei der der Brückenauftrag vergeben werden sollte. So übernahm Darby die Leitung der Bauarbeiten. „Diese Brücke wurde im Coalbrook-Tale gegossen und errichtet im Jahre MDCCLXXIX", lautet die Inschrift auf den Hauptaußenträgern der Brücke. 363 Tonnen Gußeisen für etwa 800 Gießvorgänge wurden den Fluß hinabgeschifft und nur binnen dreier Monate zusammengesetzt. 1779 fertiggestellt, hat die Brücke eine Spannweite von 30,50 und eine Länge von 60 Metern.

Bei diesem Brückenbau spielten technische Fertigkeiten eine eher geringe Rolle; mit den wenigen Abänderungen, die das neue Material erforderlich machte, unterschieden sich die Techniken beim Bau der Eisenbrücke nicht von denjenigen, die bei der Erstellung von Brücken aus Holz oder Mauerwerk zum Einsatz gelangten. Es wurden keine Bolzen bei der Verbindung der Metallteile verwendet, und wie auch bei Holzbrücken werden die Abschnitte durch Schrauben zusammengehalten. Welche Möglichkeiten im Eisen verborgen lagen, hat man damals noch nicht erkannt. Als jedoch die Eisenbrücke die einzige Brücke war, die die Severn-Flut von 1765 unbeschadet überstand, fiel dies einem gewissen Thomas Telford auf, dem unbestritten besten Ingenieur seiner Zeit. Er erkannte die überragende Stärke von Eisen und arbeitete von nun an nur noch mit diesem Material.

1934 wurde die Eisenbrücke unter Denkmalschutz gestellt und für den Autoverkehr gesperrt. Nach Jahren der Vernachlässigung ist die Brücke nun Mittelpunkt eines dorfumfassenden Museenkomplexes, der Coalbrookdales bedeutende Rolle für die Eisenindustrie würdigt. Die Eisenbrücke ist also nicht nur ein Denkmal für das innovative Denken, sondern auch ein deutlicher Hinweis auf die rapiden Fortschritte, die die Bautechnologie seitdem gemacht hat.

Details der Bauteile nach Art des Zimmermanns sind hier deutlich zu sehen: Schwalbenschwänze, Zapfenlöcher, Dübel und Schrauben sind reichlich vorhanden.

| Überquert | den Severn | Entwurf/Bau | Abraham Darby III und Thomas Farnolls Pritchard | Fertigstellung | **1779** Erste Gußeisenbrücke im großen Maßstab | Spannweite | **30,5 Meter** | Material | **Eisen** | Typ | **Bogenbrücke** |

Da hörte ich ihn, denn ich hatte gerade meinen Plan beendet, die Menai-Brücke vor dem Rost zu bewahren, indem ich sie in Wein gekocht.
— Lewis Carroll, Through the Looking Glass, 1872

Die schmiedeeisernen Ketten, die 1942 durch Stahlketten ersetzt wurden, behandelte man mit kochendem Leinsamenöl, das man trocknen ließ, um Rost zu verhindern.

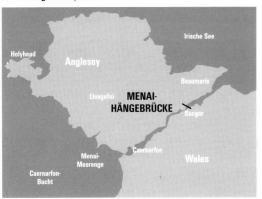

Menai-Hängebrücke, Wales

Der schottische Ingenieur Thomas Telford (1757–1834) war ein großer Meister des Straßen-, Kanal-, Hafenanlagen- und Brückenbaus. Er war einer der ersten, die das Bauingenieurwesen als eine eigene Kunstform ansahen. Telford setzte Maßstäbe im Hinblick auf Leistungsfähigkeit, Materialien, Wirtschaftlichkeit und Erscheinungsbild, die heute noch gültig sind. Zahlreiche Denkmäler seiner Baukunst des 18. Jahrhunderts, wie die Pont-y-Cysyllte in Wales (1805), die schottische Craigellachie Bridge (1815) und die Conway-Flußbrücke in Wales, (1826) sind erhalten geblieben.

Irlands politische Anbindung an England im Jahre 1801 machte eine verläßliche Postverbindung zwischen London und Dublin zwingend notwendig. Dem standen die Gewässer der Menai-Meerenge und der erbitterte Widerstand der Einwohner von Caernarfon entgegen, da ihr Lebensunterhalt vom Schiffsverkehr abhing. Der Amerikanische Unabhängigkeitskrieg und die Napoleonischen Kriege verzögerten den Bau ebenfalls. Diverse Vorschläge, wie etwa ein Bogenentwurf aus Gußeisen von John Rennie und Thomas Telford, ließen sich deshalb nicht in die Tat umsetzen.

Schließlich begann Thomas Telford im Jahr 1818 mit der Arbeit an der Menai-Hängebrücke, die von vielen Fachleuten als sein Meisterwerk betrachtet wird. Telford, der zu dieser Zeit am Höhepunkt einer beeindruckenden Baumeisterkarriere angelangt war, wurde von Captain Samuel Brown unterstützt, dessen Interesse am Schiffsbau zum Entwurf einer frühen Hängebrücke führte, der Union Bridge über den Tweed im Jahre 1820. Zusammen führten Telford und Brown Hunderte von Belastungstests durch. Beiden waren zweifellos die Arbeiten eines Amerikaners namens James Finley bekannt, der seine „Patent-Kettenbrücke" in *The Port Folio* (1810) veröffentlicht hatte und mehr als 40 Hängebrücken errichtete.

Der Bau der Menai-Hängebrücke begann 1819. Nach Fertigstellung der gemauerten Türme 1824 wurde mit Spannung verfolgt, wie man die erste Kette aushängen ließ und sie mit der Kette verband, die vom Pfeiler auf der Caernarfon-Seite herunterhing. Schließlich sollten sich 16 gewaltige Ketten von den zwei Pfeilern spannen, um eine dramatische Kurve zu schaffen und die nötige Hebelwirkung zum Tragen der bis dato unerreichten Mittelspannweite von 176 Metern zu erzielen. 444 von den Ketten herunterhängende Zugstangen trugen die Straße. Telfords revolutionärer Brückenentwurf beeinflußte alle nun folgenden Hängebrücken. Seine Errungenschaft ist sogar noch bemerkenswerter, wenn man bedenkt, daß die Brücke 20 Jahre vor der endgültigen Entwicklung der Dampfmaschine gebaut wurde.

Eindrucksvolle Kalksteinbögen, vier auf der Anglesey- und drei auf der Waliser Seite, führen zum Zentralteil zwischen den 47 Meter hohen Türmen. Nach der Grundsteinlegung kämpften 300 Mann vier Jahre lang gegen das Wetter und die Gezeiten beim Bau der dorthin führenden Steinstraße. Telford selbst hatte als Steinmetz begonnen.

Telford war der erste Bauingenieur, der sich bewußt von den alten Maßstäben architektonischen Geschmacks entfernte ... Er dachte unentwegt über Erscheinungsbild, Landschaft und Form nach, aber für Telford mußte die Möglichkeit für Schönheit von innen kommen, von dem, was die technischen und wirtschaftlichen Beschränkungen übrigließen.
— David Billington, The Tower and the Bridge, 1983

Menai-Hängebrücke

| Überquert | die Menai-Meerenge | Entwurf/Bau | Thomas Telford | Fertigstellung | 1826 — Erste große Hängebrücke; längste Hängebrücke von 1826–1834 | Spannweite | 176 Meter | Material | Schmiedeeisen, Kalkstein | Typ | Hängebrücke |

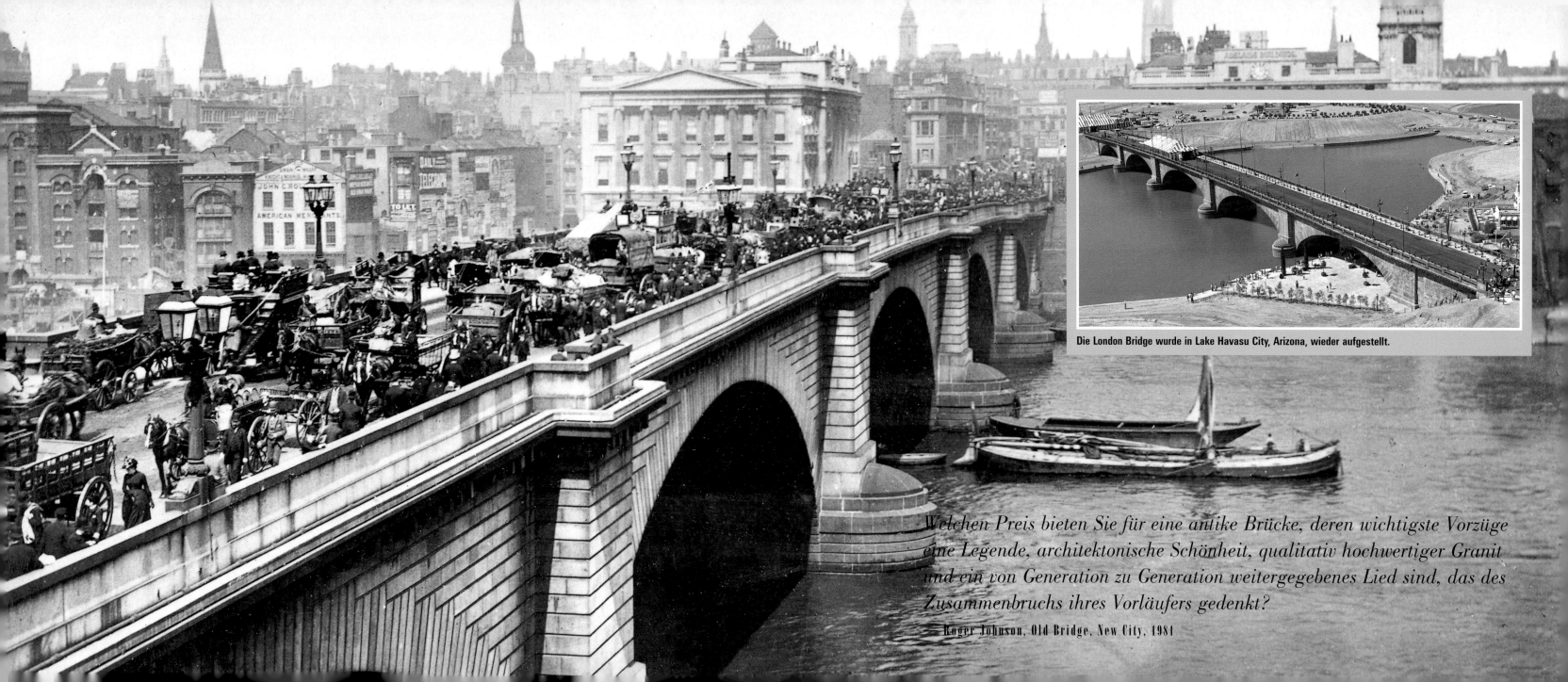

Die London Bridge wurde in Lake Havasu City, Arizona, wieder aufgestellt.

Welchen Preis bieten Sie für eine antike Brücke, deren wichtigste Vorzüge eine Legende, architektonische Schönheit, qualitativ hochwertiger Granit und ein von Generation zu Generation weitergegebenes Lied sind, das des Zusammenbruchs ihres Vorläufers gedenkt?

— Roger Johnson, Old Bridge, New City, 1981

London Bridge, Lake Havasu City, Arizona

(Die London Bridge) ist eines der seltsamsten Monumente unseres Denkens, das Besitz vor Zweckmäßigkeit stellt.

— Henry Petroski, Engineers of Dreams, 1995

London Bridge

Im Jahre 1958 flog Robert P. McCulloch, ein erfolgreicher amerikanischer Unternehmer, auf der Suche nach einem Testgelände für Außenbordmotoren über die Wüste von Arizona. Dabei stieß er auf ein verlassenes Stück Land der Luftwaffe gegenüber des Havasu-Sees, eines 72 Kilometer langen Wasserreservoirs, das nach Fertigstellung des Parker-Dammes 1938 entstanden war. Die Gegend schien ihm geeignet, seine diversen Geschäftsinteressen zu fördern. Unterstützt von C. V. Wood, einem meisterhaften Planer, der zuvor bei der Entwicklung von Disneyland mitgearbeitet hatte, schuf McCulloch im Jahr 1963 Lake Havasu City.

Zur selben Zeit versank allmählich die London Bridge, ein Opfer des porösen Untergrundes der Themse, ihres Eigengewichtes und des starken Fußgänger- und Fahrzeugverkehrs. John Rennies letztes großes Werk, die fünfbogige Granitbrücke, war nur eine von vielen, die an dieser Stelle die Themse überspannt hatten.

Auf Betreiben von Ivan F. Lucking wurde London gezwungen, eine internationale, jedoch hauptsächlich an Amerikaner gerichtete Kampagne für den Verkauf der Brücke in die Wege zu leiten. Glücklicherweise war auch McCulloch auf der Suche nach einer Brücke über einen Kanal, der erst noch angelegt werden mußte, um eine Blockierung in einem Teil des Havasu-Sees zu beseitigen. Zum Ärger der Beteiligten wollte London keinen Preis nennen.

McCulloch und Wood errechneten, daß sich die Kosten für den Abbau und das Verschiffen der Granitblöcke der Brücke auf etwa 1,2 Millionen Dollar belaufen würden, eine Zahl, die sie später verdoppelten. In der Annahme, daß andere Kaufinteressenten auf denselben Betrag kämen, legten sie 1000 Dollar für jedes Lebensjahr von McCulloch hinzu. Schon vor der offiziellen Bekanntgabe ihres Zuschlages über 2 460 000 Dollar lauteten die britischen Schlagzeilen: „Die London Bridge fällt den Apachen in die Hände."

Es brauchte drei Jahre, um die Brücke abzubauen, zu verschiffen und in der Wüste wieder aufzustellen. Unter der Leitung von Robert Beresford wurde ein neuer stahlverstärkter Betonkern in der Wüste errichtet und dann mit dem importierten Mauerwerk verkleidet. Den Bau selbst bestritten 40 Mann in eineinhalb Jahren; die ursprüngliche Brücke hatte dagegen eine Mannschaft von 800 Leuten sieben Jahre lang in Anspruch genommen. Nach Fertigstellung der Rekonstruktion zog man unter der Brücke einen Kanal hindurch. Dieses „Gesamtkunstwerk" wurde dann im Jahr 1971 eingeweiht. Obgleich man spottete, McCulloch habe eine Brücke gekauft, die er nicht brauchte, für einen Fluß, den er nicht hatte", war die Verlegung der London Bridge überaus originell; sie verlieh einer Wüstenoase ein kulturelles Image und einer gewöhnlichen Brücke Unsterblichkeit.

John Rennie (1761–1821), einer der großen Brückenbauer des 19. Jahrhunderts, zeichnete 1821 die Pläne für die London Bridge; der Entwurf wurde schließlich unter der Leitung seines Sohnes John in die Tat umgesetzt.

Die alte London Bridge, unter der Leitung von Peter von Colechurch gebaut, wurde 1209 fertiggestellt und blieb mehr als 600 Jahre erhalten. Sie ersetzte eine Serie von Holzbrücken, die entweder verbrannt oder zusammengebrochen waren, als die Wikinger im Jahr 1014 die damalige Brücke niederrissen — ein Akt der Vernichtung, der in dem berühmten Reim „London Bridge is Falling Down" seinen Ausdruck fand.

Überquert	Entwurf	Fertigstellung	Länge	Material	Typ
zuerst die Themse, dann den Lake Havasu	John Rennie	1831; Neubau 1971	London: 306 Meter Arizona: 290 Meter	Granit	Bogenbrücke

38/39

In psychologischer Hinsicht waren die Amerikaner von ihrer Mentalität her ebenso ungeeignet für den Bau mit Stein, wie dieser Bau, wirtschaftlich gesehen, für sie unangebracht war.
— David Plowden, Bridges: The Spans of North America, 1974

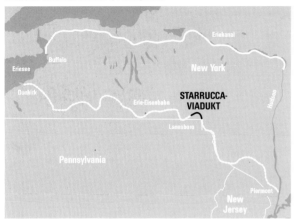

Starrucca-Viadukt, Lanesboro, Pennsylvania

Starrucca-Viadukt

Die 6-mal-12-Meter-Fundamente für die 13 hohen Pfeiler waren Betonplatten aus Zement von den Rosendale-Werken im Ulster-Bezirk des Staates New York. Sie stellen die erste dokumentierte Verwendung dieses Materials in Amerika dar.

Die wertvollste Ware im Amerika des 19. Jahrhunderts war Zeit. Und Steinbrücken, obgleich sie außerordentlich stabil und beständig sind, benötigten viel Zeit für ihren Bau, da jeder Bestandteil gebrochen, behauen und individuell eingepaßt werden mußte. In seinem Werk *Bridges* vermerkt David Plowden, daß nur wenige der amerikanischen Eisenbahngesellschaften die hohen Kosten für Steinbrücken aufbringen konnten; das zeigt sich darin, daß vor 1850 nur vier bedeutende Brücken aus Mauerwerk entstanden waren. Diese vier Viadukte – der Carrollton (1829), Thomas (1835), Canton (1835) und Starrucca (1848) – gelten als die schönsten Beispiele für Mauerbauten in Nordamerika. Das größte dieser Bauwerke ist der Starrucca-Viadukt.

Sein Bauherr, die New-York-und-Erie-Eisenbahngesellschaft, war eines der größten Wirtschaftsunternehmen der damaligen Zeit. 1832 wurde diese Company gegründet, um eine Bahnlinie zu bauen, die sich über 774 Kilometer von Piermont am Hudson bis nach Dunkirk am Eriesee erstrecken sollte. Der Staat New York stimmte der Gründung der Eisenbahngesellschaft unter der Bedingung zu, daß die Bahnlinie weit weg vom Eriekanal errichtet werden sollte, der von Buffalo nach Albany verlief. Die Interessenverbände der Kanalgesellschaften waren zu dieser Zeit so mächtig, daß sie die Bahngesellschaft zwingen konnten, ihren Weg durch schwieriges Terrain entlang der südlichen Grenze New Yorks zu führen. Obwohl man vor der endgültigen Routenwahl eine Anzahl von Studien vornahm, traten auch danach noch Hindernisse auf. Das größte, das tiefe Tal des Starrucca-Baches bei Lanesboro, Pennsylvania, brachte die Arbeiten 1844 zum Stillstand. Die Bauingenieure trafen sich, um zu beraten, was nun zu tun sei. Julius W. Adams, Leiter des Baues der New-York-Erie-Linie, entwarf den 317 Meter langen Viadukt, der den Starrucca überspannen sollte. Unterstützt wurde er von seinem Schwager James P. Kirkwood, einem schottischen Ingenieur, der die nötige Erfahrung und, wie es scheint, auch das nötige Gottvertrauen dazu besaß (als man ihn fragte, ob er bis zum Jahr 1848 fertig sein würde, soll Kirkwood geantwortet haben: „Ich schaffe es . . . vorausgesetzt, die Kosten sind Ihnen egal."). Mit dem Bau wurde schließlich 1847 begonnen.

Der Starrucca-Viadukt besteht aus 17 Rundbögen, jeder mit einer Spannweite von 16 Metern, und erhebt sich auf sich verjüngenden Pfeilern 34 Meter über dem Talboden. Die Pfeilerbasen und die Fahrbahn sind aus Beton, während der Rest des Baus aus Naturstein und Ziegeln erbaut wurde. Kirkwoods Prahlerei erwies sich als prophetisch: Die endgültigen Kosten für den verschwenderischen Starrucca-Viadukt, der in einem Jahr von 800 Mann fertiggestellt wurde, beliefen sich auf 320 000 Dollar – die teuerste Eisenbahnbrücke in jener Zeit.

Am 9. Dezember 1848 überquerte die erste Lokomotive den zweigleisigen Viadukt, und seither ist er in Gebrauch geblieben. Der New-York-und-Erie-Eisenbahngesellschaft ging es nicht so gut wie ihrer Brücke: In den 1860er Jahren war sie in eine Reihe von Finanzbetrügereien verwickelt. Etwa zehn Jahre später erlebte sie ihren vierten und endgültigen Bankrott. Einige Male wieder neu gegründet, tauchte die Gesellschaft 1960 als Erie-Lackawanna-Linie auf dem Markt auf, um 1972 erneut Bankrott zu erleiden. 1976 wurde die Gesellschaft von Conrail übernommen.

Überquert	Entwurf/Bau	Fertigstellung	Länge	Material	Typ
den Starrucca	Julius W. Adams und James P. Kirkwood	1848	317 Meter	Mauerwerk	Bogenviadukt

Bei ihrer Fertigstellung im Jahr 1866 besaß die Cincinnati Bridge über den Ohio die längste Spannweite (322 Meter) der Welt. Roeblings Entwurf wurde von seinem Sohn Washington umgesetzt. Wie der Brückenexperte Eric DeLony bemerkte, förderte dieses Projekt die Vater-Sohn-Beziehung, die bei der Fertigstellung der Brooklyn Bridge 16 Jahre später erneut in eine Krise geriet. Zwischen 1895 und 1899 wurde die Cincinnati Bridge mit aussteifendem Stahlfachwerk und zusätzlichen Seilen verstärkt.

Delaware-Aquädukt, Lackawaxen, Pennsylvania-Minisink Ford, New York

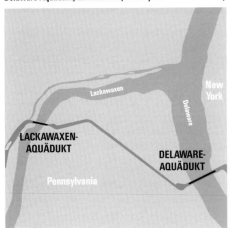

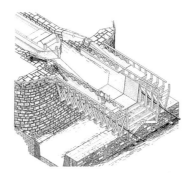

Die Kanalbarken befuhren den Delaware-Aquädukt mit Hilfe eines 5,80 Meter breiten hölzernen Wassertroges, wie auf dieser isometrischen Darstellung gezeigt wird.

Der Delaware-Aquädukt ist der einzige noch vorhandene der vier Hänge-Aquädukte, die zwischen 1848 und 1850 von John A. Roebling in Amerika erbaut wurden. Obgleich nicht die erste Hängebrücke der Welt – zu berühmten Vorläufern auf beiden Seiten des Atlantik zählen James Finleys Jacob's Creek Bridge in Pennsylvania (1801), die Menai-Hängebrücke in Wales (1826; siehe S. 36 f.), Joseph Chaleys Grand Pont Suspendu in der Schweiz (1834) sowie Charles Ellets Fairmount Bridge in Pennsylvania (1841) und die Wheeling Bridge in West Virginia (1849) – ist sie die älteste noch existierende Drahtkabelbrücke. Der Delaware-Aquädukt ist zudem auch das älteste noch vorhandene Exemplar des Brückentyps, der John Roebling einen Platz in der Geschichte sichert.

Die Kohle aus dem nordöstlichen Pennsylvania wurde über Wasserwege auf dem Lackawaxen, dem Delaware und dem Hudson transportiert, bevor sie zu ihren Bestimmungsorten, den Märkten von New York City gelangte. Mitte des 19. Jahrhunderts wurde diese Transportweise durch den aufkommenden Schienenverkehr allmählich verdrängt. So akzeptierte im Jahr 1847 R. F. Lord, Chefingenieur der Delaware-und-Hudson-Kanalgesellschaft, Roeblings zwar unkonventionellen, jedoch offensichtlich wirtschaftlichen Entwurf für zwei Hänge-Aquädukte über den Lackawaxen und den Delaware.

Der Entwurf des Delaware-Aquädukts besteht aus einem Wasserweg oder Kanal mit Fußwegen auf jeder Seite. Das Gewicht des Wassers wird von zwei durchgehenden Hauptseilen von je ca. 22 Zentimetern Durchmesser getragen, die sich aus 2150 Drähten zusammensetzen. Diese Kabel führen von gußeisernen Auflagern auf gedrungenen Mauertürmen weg und bilden so vier Spannen von Längen zwischen 40 und 43 Metern. Der Lackawaxen-Aquädukt wurde auf beinahe gleiche Weise erstellt. In baulicher und funktionaler Hinsicht waren beide Aquädukte ein uneingeschränkter Erfolg.

John Augustus Roebling (1806–1869), der Vater der modernen Hängebrücke, verfügte über einen brillanten analytischen Verstand und einen eisernen Willen. In Deutschland geboren, studierte Roebling an Berlins Königlichem Polytechnikum Architektur sowie Philosophie bei Hegel. 1831 wanderte Roebling in die Vereinigten Staaten aus, um eine bäuerliche Gemeinschaft in Saxonburg, Pennsylvania, ins Leben zu rufen. Während seiner Arbeit als Kanalvermesser wurde Roebling Zeuge eines Unfalls, dessen Ursache ein gerissenes Hanfseil war. Dieser Unfall führte Roebling zu der bahnbrechenden Erkenntnis, daß Drahtseile wesentlich stärker seien als Seile aus Hanf – eine Entdeckung, die Roeblings Karriere entscheidend förderte. 1845 hatte der Ingenieur bereits zwei Prototypen der Hängebrücken vollendet: den Pittsburgh-Aquädukt über den Allegheny-Kanal und die Monongahela Bridge in Pittsburgh.

1898 durchfuhr das letzte Boot den Delaware-Aquädukt, der daraufhin in eine Brücke für den Fahrverkehr umgewandelt wurde. 1980 erwarb ihn der National Park Service, der das ursprüngliche Erscheinungsbild seines Unterbaues wieder herstellte.

Delaware-Aquädukt

Wir können mit absoluter Bestimmtheit sagen, daß nichts in der Welt ohne Leidenschaft errungen wurde.
— G.W.F. Hegel, Geschichtsphilosophie, 1832

| Überquert | den Delaware | Entwurf/Bau | John A. Roebling | Fertigstellung | 1849 Älteste Hängebrücke in Amerika | Länge | 163 Meter | Material | Eisen, Mauerwerk | Typ | Hängebrücke |

In einer 1889 erschienenen Abhandlung über amerikanische Schienenbrücken dokumentierte der berühmte Ingenieur Theodore Cooper (1839–1919) die von Zügen ausgeübten Belastungen und schloß mit einer Erörterung über Brückeneinstürze. Cooper verlangte eine sorgfältige Berechnung dieser Belastungen sowie eine Prüfung des Materials. Darüber hinaus forderte er Inspektionen, fügte jedoch hinzu, daß die Stabilität einer Brücke eher auf dem Instinkt des Ingenieurs gründe als auf „einer Theorie der Belastungen". 18 Jahre später sollte er sich an seine Worte erinnern, als er eine wichtige Rolle bei dem berühmtesten Brückeneinsturz der Geschichte spielte.

Die am Ende des 19. Jahrhunderts vorgenommene Ausweitung der Schienenwege ging einher mit einer zunehmenden Sensibilisierung für die immer häufiger werdenden Brückeneinstürze. Ohne exakte Dokumentierung ließen sich die tatsächlichen Zahlen jedoch nicht feststellen. Viele Brückeneinstürze wurden anderen Ursachen als Konstruktionsmängeln zugeschrieben. So machte man Zugentgleisungen, Brände und Überschwemmungen dafür verantwortlich.

Der Slogan des Gitterbrückenkonstrukteurs Ithiel Town, „Bau sie auf die Meile hin und kürze sie meterweise", beschreibt das Verhalten und die Methode der zahlreichen Brückenbaugesellschaften, die beim Bau der Eisenbahnbrücken miteinander um Länge und Distanz wetteiferten. Obgleich diese Art von Wettkampf die Entwicklung eines wirtschaftlich effizienten Metallgitterbrückenbaus förderte, war schlechte Qualität auch weit verbreitet – Ungenauigkeiten beim Material und bei der Überprüfung des Baues waren nichts Ungewöhnliches. Dennoch stürzten gleichfalls von hochgeschätzten Ingenieuren erstellte Brücken ein, was den Einfluß menschlichen Versagens bei Katastrophen zeigt.

Robert Stephensons Dee Bridge (1845) über den Dee in England – das längste zu dieser Zeit gebaute Metallfachwerk – ist erstes Beispiel eines Metallbrückeneinsturzes, den man hätte vermeiden können, wenn bereits damals bekannte Informationen den Ingenieuren zugänglich gewesen wären. Der Erfolg mit früheren Fachwerkbrücken führte zur Vergrößerung ihrer Spannweite, ohne daß zusätzliche bauliche Notwendigkeiten berücksichtigt worden wären. Die Brückenträger bogen sich unter diesen nicht berechneten Belastungen und brachen am 24. Mai 1847 zusammen. Fünf Menschen kamen dabei ums Leben.

Am 28. Dezember 1879 stürzte Thomas Bouchs Brücke über

Zusammenbruch der Québec Bridge, 1907

Schottlands Firth of Tay bei einer Sturmbö zusammen – 75 Menschen starben bei dieser Katastrophe. Bei ihrer Fertigstellung im Jahr 1876 hatte man die Bahnbrücke als „Triumph des Ingenieurwesens" gepriesen und Bouch die Ritterwürde verliehen. Später fand man heraus, daß er sich auf überkommene Daten gestützt hatte, die die dynamische Last heftiger Windböen nicht berücksichtigt hatten.

Beim Zusammenbruch der Québec Bridge 1907 in Kanada verursachte eine unglückselige Kombination aus technischen Mängeln, übertriebener Sparsamkeit, mangelnder Kommunikation und beruflicher Selbstüberschätzung den Tod von 75 Arbeitern. Die Brückenbaugesellschaft von Québec hatte Theodore Cooper aus New York eingestellt, der bei der in Pennsylvania ansässigen Phoenix-Brückenbaugesellschaft die Entwürfe der Auslegerkonstruktion begutachten sollte. Cooper entschied sich für den „besten und billigsten" Entwurf. Er erhöhte die Länge der Hauptspannweite von 488 auf 549 Meter, ohne dabei die Belastungen neu zu berechnen. Als man ihn einmal kritisch zu seiner Arbeit befragte, antwortete Cooper: „Es gibt niemanden, der kompetent genug ist, um uns zu kritisieren."

Nachdem im August 1907 der südliche Arm der Brücke um etwa 183 Meter nach vorne geschoben worden war, stellte man fest, daß sich die stählernen Gurte bogen. In einer dreiwöchigen Debatte darüber, wann sich die Stangen gebogen hatten, wurde die Ursache nicht geklärt. Cooper, der während der Erstellung des Unterbaues kein einziges Mal auf der Baustelle erschienen war, schickte am 27. August ein Telegramm mit der Anordnung zur Einstellung der Arbeiten, bis das Problem der verbogenen Gurte gelöst wäre. Dieses entscheidende Telegramm wurde jedoch ignoriert, bis zum 29. August, als die Brücke zusammenbrach. Auch die wiedererrichtete Brücke stürzte im Jahr 1916 ein; elf Menschen kamen dabei ums Leben.

Das Québec-Desaster beeinflußte die Konstruktion von Hängebrücken über große Entfernungen. Dennoch fiel die Hängebrücke über Tacoma Narrows zusammen (1940), weil der Architekt die aerodynamischen Kräfte nicht berücksichtigt hatte (s. S. 85). 30 Jahre später stürzten in Wales und Australien zwei Brücken eines neuen Typs – Hohlkastenträgerbrücken aus Stahl – ein.

Ein 1977 erschienener Bericht von Paul Sibly und Alastair Walker verzeichnet einen 30-Jahres-Zyklus von Brückeneinstürzen. Jede der davon betroffenen Brücken verkörperte einen neuen Brückentyp (Fachwerkbinder, Hängewerk, Ausleger, Hängebrücke und Hohlkastenträger), den man sozusagen als „Antwort" auf den Zusammenbruch eines früheren Brückentyps entwickelt hatte.

Der Ingenieur und Autor Henry Petroski setzte Siblys und Walkers Untersuchungen fort und stellte die Theorie auf, daß der nächste Zusammenbruch einen Schrägseil-Entwurf betreffen könnte.

Auch wenn menschliches Versagen immer eine Rolle beim Entwurf von Brücken spielt, haben Verbesserungen auf anderen Gebieten – verläßlicheres Material, größeres technologisches Wissen, Tests im Windkanal, Computertechnologie sowie die wachsende Erkenntnis, daß Fehlschläge dokumentiert werden sollten – für entscheidende Fortschritte beim Brückenbau gesorgt.

Katastrophen

Nebenbild: Der Einsturz der Million Dollar Bridge in Alaska (1964)
Hintergrundbild: Der Zusammenbruch der Tay Bridge (1879)

Die Brücke schien zu den Dingen zu gehören, die für immer währen; es war undenkbar, daß sie zusammenbrechen könnte.
— Thornton Wilder, Die Brücke von San Luis Rey, 1927

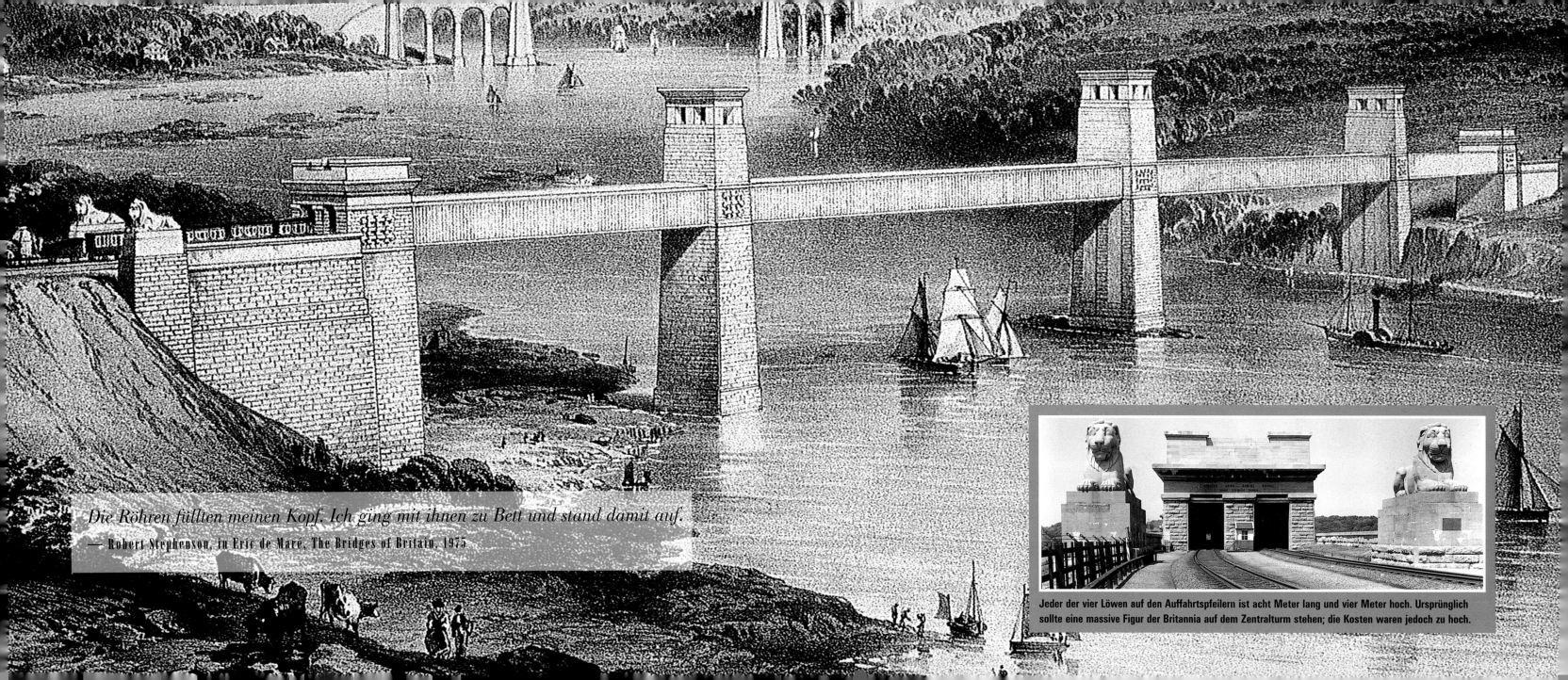

Die Röhren füllten meinen Kopf. Ich ging mit ihnen zu Bett und stand damit auf.
— Robert Stephenson, in Eric de Maré, The Bridges of Britain, 1975

Jeder der vier Löwen auf den Auffahrtspfeilern ist acht Meter lang und vier Meter hoch. Ursprünglich sollte eine massive Figur der Britannia auf dem Zentralturm stehen; die Kosten waren jedoch zu hoch.

Britannia-Eisenbahnbrücke, Wales

1838, zwölf Jahre, nachdem Thomas Telford seine revolutionäre Hängebrücke über die Menai-Meerenge in Wales errichtet hatte, entwarf Robert Stephenson (1803–1859) einen zweiten Übergang. Der Sohn von George Stephenson, „dem Vater der Eisenbahn", war mit dem Bau einer Brücke ausschließlich für den Schienenverkehr, eine Meile westlich von der Telfords, beauftragt worden. Weil er die Meerenge überspannen mußte, ohne den Schiffsverkehr zu behindern, stand eine Bogenbrücke – die zumindest für kurze Zeit eine Stütze in der Mitte der Meerenge nötig gemacht hätte – nicht zur Debatte.

Zusammen mit William Fairbairn, einem innovativen Metallurgen, Ingenieur und Schiffsbauer, experimentierte Stephenson mit Eisen. Dabei hörten sie von einem Eisenschiff, das während seines Stapellaufs in der Luft hängengeblieben war, ohne daß dabei die Hülle beschädigt wurde. Diese Information brachte sie auf die Idee, die Meerenge mit einer Röhrenbrücke aus genietetem Schmiedeeisen zu überspannen. (Stephensons Mut bei der Entwicklung dieser neuen Technik ist umso erstaunlicher, wenn man bedenkt, daß eine frühere, von ihm in Chester entworfene Brücke erst vor kurzem eingestürzt war.)

Die Brücke sollte aus zwei unabhängigen, nebeneinander gelegten Hohlkastentunnels oder -röhren mit einer Länge von 461 Metern bestehen und von drei monumentalen Kalksteintürmen getragen werden. Der mittlere, 67 Meter hohe Turm war auf der Britannia-Insel verankert. Zuerst war geplant, die Röhren von Ketten tragen zu lassen, die von den Türmen herabhingen. Aber Fairbairn entdeckte, daß die Röhren nach einer Verstärkung ihrer senkrechten Wände das eigene Gewicht ohne zusätzliche Ketten tragen konnten. So wurde Stephensons Entwurf nicht realisiert.

Am 10. April 1846 legte Stephenson den Grundstein, und am 5. Mai 1850 begleitete er den ersten Zug durch die erste Röhre. Die zweite hatte man noch nicht angebracht, und bis das geschah, mußte ein Mann jeden Zug durch den Tunnel begleiten.

Die Brücke war stabil und hielt das Gewicht der Ladungen ohne Probleme aus. Zwei Jungen verursachten 1970 schließlich auf der Suche nach einer Fledermausschlafstätte ihren Einsturz. Sie kletterten oben auf die Brücke, die durch ein Holzdach geschützt war, und ließen beim Abstieg eine Fackel fallen. Zuerst fing das Dach und dann die ganze Brücke Feuer. Die mit einer Straße versehene Brücke wurde unter Verwendung von Bögen neugebaut – ironischerweise mit Hilfe von Stephensons Parametern von 1838.

Die „Eisenbahnmanie" in der ersten Hälfte des 19. Jahrhunderts führte zu einer Verdoppelung der Zahl der Brücken in Großbritannien (von 30 000 auf 60 000). Die gigantischen Eisenträger der Brücke, hier im Querschnitt, waren neun Meter hoch und nahezu fünf Meter breit. Sie waren die Vorläufer der modernen Stahl-Hohlkastenträger.

Das größte Hindernis beim Bau der Brücke bestand darin, jedes der 1633 Tonnen schweren Mittelteile in eine senkrechte Rinne in den Pfeilern dreißig Meter hochzuziehen. Die Pfeiler sind hier im Bau dargestellt. Stephenson machte sich mit dem ihm eigenen Einfallsreichtum ans Werk, stellte die Träger auf Pontons – wobei sich die extremen Gezeiten der Meerenge diesmal als „Verbündete" erwiesen – und zog sie schließlich mit hydraulischen Hebewerken hoch.

Britannia-Eisenbahnbrücke

| Überquert | die Menai-Meerenge | Entwurf/Bau | Robert Stephenson | Fertigstellung | 1850 | Länge | Mittelspannweite: 146 Meter
Endspannweiten: 70 Meter | Material | Schmiedeeisen, Kalkstein | Typ | Eisenträger |

Das Innere der überdachten Bridgeport Bridge zeigt den Bogen zum Tragen in einer bisher noch nicht dagewesenen Spannweite.

Überdachte Cornish-Windsor Bridge von Cornish in New Hampshire nach Windsor in Vermont

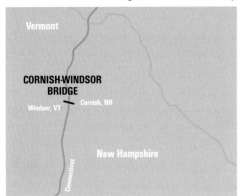

Heutzutage sind überdachte Brücken nicht mehr so häufig wie früher. Und meiner Meinung nach war es die wichtigste Entscheidung, diese Brücke zu restaurieren, sie zu verstärken und dabei auch die wunderbare Tradition des Kunsthandwerks miteinzubeziehen.
— Madeleine M. Kunin, Gouverneurin von Vermont, anläßlich der Wiedereröffnung der überdachten Cornish-Windsor Bridge, 1989

Überdachte Cornish-Windsor Bridge

Der 8. Dezember 1989 war ein kalter Tag in Cornish, New Hampshire: Die Temperatur betrug -6°C. Trotzdem fanden sich mehr als 1000 Leute bei der Wiedereröffnung der überdachten Cornish-Windsor Bridge ein.

Den Connecticut überspannend, verbindet die Brücke Cornish mit der Ortschaft Windsor in Vermont. Etliche Brücken an dieser Stelle waren schon bei Überflutungen verlorengegangen. Die gegenwärtige Brücke wurde 1866 von zwei Einheimischen, James Tasker und Bela Fletcher, erbaut, die zwar keine Fachleute waren, aber ihre Erfahrungen in puncto Fachwerkbrücke einzusetzen verstanden (s. S. 60 f.). Im Nationalen Register für historische Orte wird die Cornish-Windsor Bridge als die längste überdachte Brücke Amerikas mit zwei Fahrwegen gerühmt. Am 2. Juli 1987 wurde die Brücke von Beamten des Bauamtes von New Hampshire aus sicherheitstechnischen Erwägungen für den Verkehr geschlossen – was große Unannehmlichkeiten für Geschäftsunternehmen auf beiden Seiten des Flusses nach sich zog. So begann das teuerste Renovierungsprojekt einer überdachten Brücke in der jüngsten Geschichte der Vereinigten Staaten. Im Verlauf der nächsten 28 Monate wurden fast fünf Millionen Dollar für Reparaturen ausgegeben. Da der größte Teil der Brücke auf der Seite von New Hampshire liegt, übernahm dieser Staat auch den Löwenanteil der Rechnung.

Die Cornish-Windsor Bridge war eine von Tausenden überdachter Holzbrücken, die im 19. Jahrhundert in Amerika entstanden. Die erste davon, die sogenannte Permanent Bridge in Philadelphia, wurde 1805 eröffnet. Der Entwurf dieser 168-Meter-Brücke, die den Schuylkill überspannt, wird Timothy Palmer zugeschrieben. Interessanterweise sah der ursprüngliche Entwurf kein Dach vor. Erst ein Richter, der das sechsjährige Bauvorhaben beaufsichtigte, riet Palmer zur Überdachung. Dieser sagte voraus, daß die überdachte Permanent Bridge 30 bis 40 Jahre überdauern könnte. Schließlich blieb sie 45 Jahre lang stehen.

Einige Bewohner von Philadelphia waren jedoch mit Palmers Brücke nicht zufrieden. 1812 wurde eine zweite Brücke über den Schuylkill in Upper Ferry fertiggestellt, mit der Lewis Wernag, ein deutscher Einwanderer, beauftragt worden war. Sein Entwurf für „den Koloß" war so kühn, daß viele glaubten, er sei zum Scheitern verurteilt. Mit einer Spannweite von 104 Metern ist „der Koloß" die zweitlängste einspurige Brücke der Welt. Als die Stützen entfernt wurden, standen die Zuschauer dicht gedrängt am Ufer und wollten sehen, ob eine so lange Brücke standhalten würde. Sie tat es, und Wernag ging in die Geschichte des Brückenbaus ein.

Angesehen als „Weltwunder" wurde die Upper Ferry Bridge schon bald „der Koloß von Philadelphia" oder einfach „der Koloß" genannt. Eine Vielzahl von alten Abbildungen wie diese hier sind noch erhalten.

Die 71 Meter lange Bridgeport Bridge (1862), die längste überdachte einspurige Brücke in den Vereinigten Staaten, wurde über den kalifornischen Yuba gebaut, um Zugang zu einer Silbermine zu verschaffen. Ein zusätzlicher Verstärkungsbogen, den man am Fachwerk der Brücke anbrachte, ist auch auf der Außenverkleidung aus Schindeln zu sehen.

Überquert	Erbauer	Fertigstellung	Länge	Material	Typ
den Connecticut	James Tasker und Bela Fletcher	1866 Längste zweispurige Brücke in den USA	140 Meter	Holz	Gitterfachwerk

Whipples Buch und Erfindungen kennzeichnen einen fundamentalen Wandel des Brückenbaus von einer Tradition des Kunsthandwerks zu einem Ingenieurberuf.
— Eric DeLony, Landmark American Bridges, 1993

Viele Jahre lang war sie die älteste Fachwerkbrücke aus Metall: die durchgängige Fink-Fachwerkbrücke (1858) in Hamden, New Jersey. 1978 brach sie zusammen, nachdem ein Auto dagegengefahren war.

Joseph G. Henzeys schmiedeeiserne Bogenbrücke (1869) in Wanamakers, Pennsylvania, ist ein seltenes Beispiel eines vorgefertigten Metallfachwerk-Entwurfs.

Die Bollman-Fachwerkbrücke (1869) auf einem stillgelegten Ausläufer der Baltimore-und-Ohio-Bahnlinie in Savage, Maryland, ist eine einzigartige Mischform aus Hänge- und Fachwerkbrücke. Bollman ließ sie 1852 patentieren.

Whipple-Zugband-Fachwerkbrücke

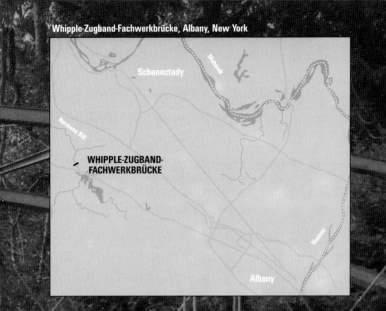

Whipple-Zugband-Fachwerkbrücke, Albany, New York

Die Laughery Creek Bridge (1878), ein dreifach unterteiltes Pratt-Fachwerk, nahe Aurora in Indiana gelegen, hat eine Spannweite von 127 Metern.

Mit dem immer stärkeren Anwachsen des Bahnverkehrs Mitte des 19. Jahrhunderts wurde zunehmend deutlich, daß die Fachwerkbrücken aus Eisen und Holz, die die Schienen führten, nicht stark genug waren, das Gewicht einer Lokomotive in Bewegung zu tragen oder die Vibrationen auszuhalten.

Die 1847 erfolgte Veröffentlichung von *A Work on Bridge Building* von Squire Whipple (1804–1888), einem Autodidakten als Ingenieur und Unternehmer aus New York, beeinflußte die Herstellung von Eisenbrücken in Amerika auf grundlegende Weise. Whipples Abhandlung, die man heute als ersten amerikanischen Versuch betrachtet, eine theoretische Grundlage zur Berechnung der Lasten von Fachwerkbrücken zu schaffen, markiert den Beginn der wissenschaftlichen Annäherung an den Brückenbau.

Squire Whipple erbaute seine erste eiserne Zugbogen-Fachwerkbrücke über den Erie-Kanal bei Utica, New York, und ließ den Entwurf 1841 patentieren. Seine Brücken, die sich mit geringem Materialaufwand errichten ließen, wurden bald mit kleinen Abänderungen kopiert. Whipples Guß- und Schmiedeeisenbrücke von 1869 auf einem Privatgrundstück außerhalb von Albany ist eines der wenigen noch vorhandenen Beispiele seiner Arbeit.

Die beachtliche Stabilität der aus Dreiecken bestehenden Fachwerkbrücke gab Anlaß zu vielen Variationen, die unterschiedliche Kombinationen von gegossenem und geschmiedetem Eisen benutzen. Einige dieser Brücken benannte man nach den Erbauern Wendel Bollman (1814–1884), Albert Fink (1827–1897) und Thomas Pratt (1812–1875). Viele weitere dieser eisernen Filigranbauten wurden patentiert und von anonym gebliebenen Unternehmern vertrieben.

In den 70er Jahren des vergangenen Jahrhunderts wurden zahlreiche Fachwerk-Entwürfe vorgelegt; allmählich bildete sich der sogenannte „Amerikanische Standard" heraus, der sich auf beiden Seiten des Atlantiks etablierte. Kennzeichnend ist die Verwendung von vorgefertigten Gußeisenteilen, die auch durch angelernte Arbeitskräfte vor Ort aufgestellt werden konnten.

Von den Hunderten der Metallfachwerkbrücken, die zwischen 1840 und 1880 erbaut wurden, ist nur mehr eine Handvoll übrig. Diejenigen, die nicht im Bürgerkrieg zerstört wurden, fielen dem Schrottbedarf beider Weltkriege zum Opfer oder wurden niedergerissen und ersetzt. Laut Eric DeLony, Vorstand des Verzeichnisses Historischer Bauten Amerikas, liegt ein weiterer Grund für das spärliche „Überleben" von Fachwerkbrücken aus Metall darin, daß „sie von der Allgemeinheit, den Denkmalschützern oder auch den Ingenieuren für nicht so bedeutsam erachtet werden wie die monumentaleren Brooklyn- oder Golden-Gate-Hängebrücken, die Steinbögen oder auch die holzüberdachten Brücken". Die bahnbrechenden Metallbrücken der Bürgerkriegszeit, Amerikas seltenste Artefakte, sind in Gefahr zu verschwinden.

Übergangsstelle	nahe Normans Kill Ravine	Entwurf Squire Whipple	Fertigstellung 1869	Länge 33,50 Meter	Material Guß- und Schmiedeeisen	Typ Fachwerk
		Bau Simon DeGraff				

Eads, ein talentierter Ingenieur, betonte: „Müssen wir denn damit einverstanden sein, daß etwas aus dem Grund niemals existieren wird, weil wir es bisher nicht realisiert haben?"

Typisch für Eads war, daß er noch nie zuvor eine Brücke gebaut bestimmt durch technischen Wagemut und begründet auf einer
— Howard Miller, The Eads Bridge, 1979

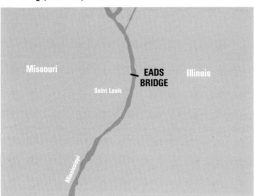

Eads Bridge, St. Louis, Missouri

Eads Bridge

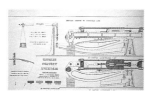

Um Eads genauen Standards entgegenzukommen, entwarf Flad eine Maschine, welche auch die geringsten Abweichungen in den Stahlmaßen und der Zugfestigkeit feststellen konnte.

hatte. Seine Karriere war eine Abfolge kühner Erfindungen, einzigartigen und genauen Kenntnis des Mississippi.

Raddampfer, die den mächtigen Mississippi hinauf- und hinabfuhren, hatten St. Louis beträchtlichen Wohlstand gebracht. Ab 1860 wurde dieser Stadt jedoch der Rang von Chicago streitig gemacht, das elf Bahnlinien besaß und somit „die Herrschaft der Flüsse umstieß". St. Louis blieb keine andere Alternative, als eine Brücke über den Mississippi zu bauen.

James Buchanan Eads (1820–1887) konnte sich mit seinem Brückenentwurf durchsetzen: eine dreibogige Brücke, die höher und länger als alles sein würde, was man bis dahin in den Vereinigten Staaten gebaut hatte. Die Brücke sollte aus Stahl bestehen, einem neuen Material, das man bisher nicht in dem vorgesehenen Maßstab verwendet hatte. Am ungewöhnlichsten aber war, daß Eads noch nie zuvor mit dem Bau einer Brücke befaßt gewesen war.

Eads Wissen um den Mississippi war tatsächlich beachtlich. Zuerst hatte er den Fluß als Angestellter der Raddampfergesellschaft kennengelernt. Raddampfer versanken besonders häufig; sie wurden immer wieder Opfer von Bränden oder Kesselexplosionen. Um diese versunkenen Schätze zu heben, hatte Eads ein Bergungsunternehmen gegründet und sich so einen nationalen Ruf als führender Experte des Flusses erworben.

Der Bau der Brücke begann 1867. Die Bögen wurden durch Aufbau jeder Bogenhälfte zur Mitte hin angelegt, wobei man sie mit Spannseilen unterstützte, bis sie in der Mitte aufeinandertrafen. Als am 17. September 1873 der erste Bogen geschlossen werden sollte, traf auch ein Kredit von einer halben Million Dollar ein. Aber die außergewöhnliche Hitze hatte die Metallbögen so gedehnt, daß man sie nicht verbinden konnte. Bauleiter Henry Flad versuchte, das Metall durch Einpacken in 54 Tonnen Eis zum Schrumpfen zu bringen; leider vergebens. Eads hatte jedoch vorausschauend eine Möglichkeit entwickelt, die Bögen so anzuheben, daß sie mittels Einfügung eines Verschraubungsmechanismus verbunden werden konnten. Am 19. September konnten die Bögen erfolgreich zusammengeschlossen werden. Eads Unternehmung wurde von Calvin Woodward in seinem klassischen Bericht *The History of the St. Louis Bridge* (1881) festgehalten.

Die so hergestellte Verbindung von Missouri und Illinois wurde am 4. Juli 1874 mit einer Gala gefeiert. Die Brücke wurde hochgelobt: Louis Sullivan nannte sie „sensationell und weltbewegend", während Walt Whitman die „Perfektion und unübertreffliche Schönheit" ihres Baues pries. Eine Plakette an der Brücke lautet einfach: „Der Mississippi wurde 1673 von Marquette entdeckt; überspannt hat ihn Captain Eads 1874."

Weniger als ein Jahr danach war das Brückenunternehmen bankrott – eine Folge von Überkapitalisierung und Unterbenutzung. 1878 wurde Eads visionärer Bau auf einer öffentlichen Auktion veräußert. Exakt ein Jahrhundert nach ihrer Eröffnung überquerte sie der letzte Zug. Die Brücke ist seitdem ein Aufenthaltsort für Obdachlose und Tauben.

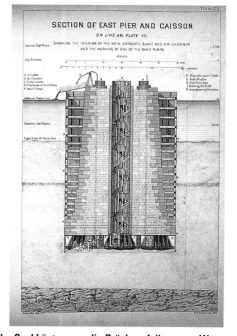

Eads benutzte pneumatische Senkkästen, um die Brückenpfeiler unter Wasser einzusetzen. Wie in diesem Ausschnitt zu sehen ist, schnitt die offene, klingenartige Unterseite des Senkkastens in das Flußbett ein. Arbeiter schaufelten Eimer voll mit Abraum, die dann mittels Flaschenzügen herausgeholt wurden. Andere Männer wiederum erstellten Steinfundamente auf der abgeschlossenen Oberseite des Senkkastens und drückten ihn so noch tiefer. 14 Mann starben an der Taucher- oder Caissonkrankheit, die durch einen zu raschen Druckausgleich verursacht wird.

Überquert	Entwurf/Bau	Fertigstellung	Länge	Material	Typ
den Mississippi	James Buchanan Eads	1874 Erste Großbrücke aus Stahl	480 Meter	Stahl	Bogenbrücke

Das Werk, das höchstwahrscheinlich unser beständigstes Monument sein wird und selbst der fernen Nachwelt noch Wissen von uns übermittelt, ist ein rein nutzbringendes Werk; kein Heiligtum, keine Festung, kein Palast, nur eine Brücke.
— Montgomery Schuyler, The Bridge as a Monument, Harpers Weekly, 1883

Jeder, der die Promenade überquert, erfährt das unheimliche Gefühl, die Brücke zu beobachten, während er gleichzeitig Teil der ihn umgebenden Struktur wird.

Brooklyn Bridge, Brooklyn-Manhattan, New York

Brooklyn Bridge

Schlag Mitternacht am 23. Mai 1883 – nachdem Präsident Chester Arthur, Gouverneur Grover Cleveland und ihr Gefolge aus Manhattan die Brücke überschritten hatten, um die Brooklyn-Abordnung drüben zu treffen; nachdem die 13 000 glücklichen Gäste mit Tiffany-gravierten Einladungskarten für die Eröffnungszeremonien heimgegangen waren; nach Stunden offizieller Reden, Gebeten, Salutschüssen, Glockengeläut und Jubelgeschrei; nach dem Abfeuern von 14 Tonnen Feuerwerk in funkelnden Strömen; nachdem sich eine Armada bebänderter Boote aus dem Hafen zwängte; nachdem sich ein gnädiger Mond über 14 Jahre Mühen und Intrigen erhoben hatte – konnte jeder für einen Penny die Brooklyn Bridge überqueren.

John Roebling (1806–1869), der geniale Ingenieur (s. S. 42 f.), hatte die Brooklyn Bridge 1855 entworfen. Aus seinen Beschreibungen wird deutlich, daß er jeden Aspekt der Brücke ausgearbeitet hatte, von ihren zwei kolossalen Granittürmen angefangen hin zu den vier daran aufgehängten Stahlkabeln. Im Juni 1869 wurde der Errichtung der Brücke zugestimmt. Doch Roebling hatte wenig Anlaß zur Freude: Am 28. Juni 1869 wurde sein Fuß von einer Fähre zerquetscht, während er den Standort für den Brooklyn-Turm festlegte, und drei Wochen später, noch bevor man mit der Aushebung des Bodens für die Brücke begann, starb Roebling an Wundstarrkrampf.

Die Aufgabe, die Brücke zu bauen, ging nun an Roeblings Sohn Washington über. Wie Washington den Entwurf seines Vaters ausführte, wurde schon viele Male erzählt; am bekanntesten ist die Version von David McCullough in *The Great Bridge*. Der Bau der Brücke war ein gewaltiges Unterfangen, einerseits wegen ihrer Größe und dem innovativen Entwurf, andererseits wegen des ungeheuren Arbeitsaufwandes und nicht zuletzt auch wegen der politischen Intrigen, die die Entstehung der Brücke begleiteten.

Washington Roeblings größte Herausforderung war das Fundament der zwei Türme, über die die Stahlkabel führen sollten. Dafür verwendete er gigantische pneumatische Senkkästen, die man 14 Meter tief in gewachsenen Fels in Brooklyn vorantrieb und 24 Meter in hartgepreßten Sand in Manhattan. Weil Roebling auch die Arbeit innerhalb der Senkkästen beaufsichtigte, zog er sich 1872 die Taucherkrankheit zu: Er konnte kaum noch sehen, gehen oder schreiben. Neun Jahre lang beaufsichtigte er nun den Bau aus der Entfernung – mit Hilfe der Stimme und der Hände seiner bemerkenswerten Frau Emily. Emily schrieb penibel die Anweisungen ihres Gatten nieder, brachte sie zur Baustelle, erklärte sie und stand ihm auch zur Seite, als sich die Beschuldigungen, Drohungen und Beleidigungen in seiner Abwesenheit häuften. Washington ließ sich jedoch von all diesen Widrigkeiten nicht beirren. Emily wurde mit der ersten Fahrt über die fertige Brücke belohnt. Sie unternahm sie mit einem Hahn, ein Symbol des Sieges, auf ihrem Schoß.

Als typisches amerikanisches Emblem haben die schweren neugotischen Portale der Brücke und ihr Netz von Kabeln Generationen von Dichtern und Künstlern inspiriert. Ihr Abbild zierte Baseballprogramme, Tapeten, Porzellan, Briefmarken, Aktien und mehr als nur ein paar Oberarmmuskeln.

Washington Augustus Roebling (1837–1926)

Emily Warren Roebling (1843–1903)

Die vollendete Manhattan-Widerlager, hier auf einem Foto vom Juli 1876, sollte im August mit der Verankerung von Brooklyn durch das Spannen des ersten Drahtseiles verbunden werden.

Überquert	Entwurf/Bau	Fertigstellung	Spannweite	Material	Typ
den East River	John A. Roebling, Washington A. Roebling	1883 – Längste Hängebrücke der Welt 1883–1903	486 Meter	Stahl, Granit	Hängebrücke

Als Mittelpunkt der Pariser Weltausstellung von 1889 erbaut, ist der Eiffelturm ein schwindelerregendes Netz von 12 000 Stücken geschmiedeten Eisens. Diese voneinander unabhängigen Teile dienen der Widerspiegelung diverser Vorlieben sowie dem Transport unterschiedlicher Lasten. Eiffels Werk in Garabit war Grundlage für den Entwurf seines unvergänglichen Turmes.

Garabit-Viadukt, nahe Saint-Flour, Frankreich

Garabit-Viadukt

Gustave Eiffels (1832–1923) bekannteste Werke – die Verstärkung der Freiheitsstatue, die Kuppel des Observatoriums von Nizza und der Turm, der seinen Namen trägt – sind derart berühmte Wahrzeichen geworden, daß sie seine bemerkenswerten internationalen Erfolge als Brückenbauer überschatten. Die Hunderte von Brücken, die Eiffel sein ganzes Leben hindurch bauen und perfektionieren sollte, waren nur ein Vorspiel zu seinem letzten und bedeutsamsten Brückenbau, dem Garabit-Viadukt.

„Dies ist ein doppelter Erfolg für mich: Er befriedigt meinen Stolz und ist die Belohnung für meine Arbeit, die mir einen festen Rang in der Gesellschaft sichert", schrieb Eiffel 1867 an seine Mutter, nachdem er seinen ersten großen Vertrag zum Bau zweier Viadukte in Neuvial und Rouzat erhalten hatte. Von da an erstellte er eine Anzahl hochaufragender Schienenviadukte für die rasch expandierende Bergbauindustrie im zwar eisenreichen, aber topographisch „ungastlichen" Zentralmassiv Südfrankreichs.

Gustave Eiffels kreativer Umgang mit Metall brachte ihm die Bezeichnung „Eisenzauberer" ein. Seine Metallbaufirma, G. Eiffel & Compagnie, die er 1868 zusammen mit Théophile Seyrig eröffnet hatte, sollte noch hundert Jahre lang bestehen. 1880, auf dem Höhepunkt seiner Karriere, arbeitete Eiffel an Projekten in mehr als einem Dutzend Ländern. Unsere Fotografie stammt von Nadar, der sich im 19. Jahrhundert auf Porträts französischer Intellektueller spezialisiert hatte.

Die Arbeit bei Garabit war für Eiffel eine Herausforderung in zweifacher Hinsicht: Erstens mußte das tiefe Truyère-Flußtal überquert und zweitens ein Bau erstellt werden, der trotz seiner großen Höhe und der starken Winde, die durch die tiefen Schluchten des Zentralmassivs fegten, überdauern konnte. Nachdem er eine Reihe von Wetterstationen zur Sammlung aerodynamischer Daten in ganz Frankreich aufgestellt hatte, verfügte Eiffel über ein großes empirisches Wissen hinsichtlich der Einwirkungen von Wind.

Bei Garabit schlug Eiffel einen Viadukt mit Parabelbogen vor, ähnlich seinem Maria-Pia-Viadukt (1877) über den Douro im portugiesischen Oporto. Die Verfügbarkeit von preiswertem Stahl machte die großen Spannweiten beider Viadukte möglich. Wie beim Douro überquert auch hier die Brücke die Schlucht in fünf Abschnitten. Die zwei kurzen Abschnitte auf jeder Seite des Tales werden auf Mauerwerkfundamenten von Metallpfeilern gestützt, abgeflachten Pyramiden gleich. Der höchste dieser Pfeiler mißt 90 Meter. Das knapp 165 Meter lange Mittelfeld wird von einem halbmondförmigen Bogen getragen. Jede Bogenhälfte hängt an Stahlkabeln vom Deck her, ihre Komponenten sind miteinander verbunden und zum Mittelfeld hin errichtet. 122 Meter über dem Wasser, war der Viadukt viele Jahre lang die höchste Brücke der Welt.

Eiffel beschäftigte sich auch weiterhin mit Aerodynamik: Fünf Jahre später beeinflußten die Erfahrungen aus dem Bau der Garabitbrücke die Konstruktion des Eiffelturms. 1912 baute er das erste aerodynamische Labor in Frankreich auf, in dem er bis zu seinem Tode 1923 arbeitete.

Der Maria-Pia-Viadukt hat eine Zentralspannweite von 160 Metern Länge. Auf der Grundlage seines mit Begeisterung aufgenommenen Entwurfs sollte Eiffel den Garabit-Vertrag erhalten.

Die Schienenviadukte, die Eiffel zwischen 1869 und 1884 entwarf, ... sind einer Ästhetik verpflichtet, die ihren feierlichen Höhepunkt im Eiffelturm fand.

— Kenneth Frampton, Modern Architecture: A Critical History, 1980

| Überquert | die Truyère | Entwurf/Bau | Gustave Eiffel | Fertigstellung | 1884 | Spannweite | 165 Meter | Material | Stahl | Typ | Bogenviadukt |

Baker schuf ein lebendes Modell einer Auslegerbrücke, um Bedenken zu zerstreuen, ob die Brücke stehenbleiben würde. Zu Ehren der asiatischen Herkunft der Auslegerbrücke plazierte Baker seinen japanischen Assistenten Kaichi Wantanabe in die Mitte.

Man hat (an der Forth Bridge) oft kritisiert, daß sie zu überladen sei; aber dem ist nicht so. Es ist dies einfach die reine Essenz der Kraft.
— David Plowden, Bridges: The Spans of North America, 1974

Forth Bridge

Eines der großen Monumente der Viktorianischen Zeit war die Eisenbahnbrücke über den Firth of Forth in Schottland, eine gänzlich aus Stahl erstellte Trägerbrücke. Bei ihrer Fertigstellung brach die Forth Bridge alle Rekorde in Länge, Höhe und der reinen Menge des verwendeten Materials. Bis heute ist sie die zweitlängste je gebaute Auslegerbrücke.

Sie war das Meisterstück von Sir Benjamin Baker (1840–1907) und Sir John Fowler (1817–1898). Wie auch Eads sollte Baker viele Arten von Bauwerken erstellen, doch nur eine einzige Brücke, und diese stellte sich als sein Magnus opus heraus. Zu den Höhepunkten seiner Karriere gehörten die zusammen mit Fowler erarbeiteten Entwürfe der ersten Londoner U-Bahnlinien, der Bau eines Schiffes zum Transport eines Obelisken von Ägypten nach London und der Nildamm von Assuan.

Baker war nicht der erste, der versuchte, den Firth of Forth zu überbrücken. Thomas Bouch wurde mit dem Bau zweier Brücken über die Meeresarme von Forth und Tay beauftragt. Die erste Brücke, die hochgezogen wurde, war 1879 die Tay. Ein Jahr nach Fertigstellung der Brücke und Bouchs Ritterschlag, den er für seine Bemühungen erhielt, brach die Brücke bei einem Sturm zusammen, als sie gerade von einem Zug befahren wurde. Mehr als 70 Menschen kamen dabei ums Leben (s. S. 44 f.). Bouchs Karriere war damit ruiniert, und sein Entwurf für die Forth Bridge wurde fallengelassen.

Entschlossen, die baulichen Fehler nicht zu wiederholen, die zu der Tay-Katastrophe geführt hatten, entwarfen Baker und Fowler eine Brücke, geschaffen für einen Windwiderstand von 1kg/cm, nahezu fünfmal soviel wie bei der Tay. Sie entschlossen sich zur Verwendung von Stahl aufgrund seiner überragenden Stärke und für den alten Ausleger-Entwurf. 1887 veröffentlichte Baker eine Reihe von Artikeln in der britischen Zeitschrift *Engineering*, worin er die Auffassung vertrat, daß Ausleger am geeignetsten für große Spannweiten seien.

Bei Auslegerbrücken springt ein versteifter Balken vom Sockel hervor, um die Mitte zu tragen. Die kleine Insel Inchgarvie in der Mitte des Meeresarmes wurde als Fundament für einen der drei massiven Füße verwendet; zwei weitere Pfeiler entstanden auf der Fife- respektive Queensferry-Seite. Die Ausleger sind durch zwei aufgehängte Trägerfelder von je 107 Metern verbunden, die Stück um Stück an Ort und Stelle hinausgebaut wurden. Gegen diesen Entwurf gab es zahlreiche Bedenken: Die Sicherheit schien manchen nicht gewährleistet, die Kosten (15 Millionen Dollar) waren für die damaligen Verhältnisse enorm, vor allem aber gab es Einwände gegen das Erscheinungsbild der Brücke.

Als der Prinz von Wales 1890 die Brücke eröffnete, stand neben Baker Gustave Eiffel, der seinen wegweisenden Pariser Turm ein Jahr zuvor fertiggestellt hatte. Wie auch der Eiffelturm ist die Forth Bridge reine Struktur – ohne unnötige Teile – und überdauert als Kunstwerk wie auch als Symbol für die Herrschaft des Menschen über die Gewalt des Windes.

Auf diesem Konstruktionsfoto von 1888 umfaßt eine ausgeklügelte, visuell dichte Zusammenstellung von Zug- und Druckstreben die riesigen Röhren von 36,60 Metern Durchmesser, die sich 104 Meter über die runden Senkkästen in Wasserhöhe erheben.

| Überquert den Firth of Forth | Entwurf/Bau Benjamin Baker, John Fowler | Fertigstellung 1890 Längste Stahl-Auslegerbrücke der Welt von 1890–1917 | Spannweite 521 Meter | Material Stahl | Typ Ausleger-Fachwerk |

Überdachte Brücken

Wir überquerten diesen Fluß mit Hilfe einer Holzbrücke, die fast eine Meile lang war, überdacht und auf allen Seiten verschlossen. Es war stockdunkel dort drinnen; verwirrend waren die großen Balken, die sich in jedem möglichen Winkel kreuzten und wieder kreuzten, und durch die breiten Risse und Spalten des Bodens schimmerte der reißende Fluß, weit drunten, wie eine Legion von Augen.

— Charles Dickens bei der Überquerung des Susquehanna, 1842

Es ist kein Wunder, daß überdachte Brücken als „Kußbrücken" oder „Liebestunnel" bezeichnet wurden. Oft stehen sie in bukolischen Landschaften und sind von einer Aura der Abgeschiedenheit umgeben. Dennoch war der ursprüngliche Beweggrund für die Anlage dieser romantischen Bauten auf rein praktische Erwägungen zurückzuführen. Ein junges Amerika benötigte Brücken, um seine vielen Flüsse und Ströme zu überqueren; Waren mußten transportiert, Post befördert und politische Ambitionen erfüllt werden.

Einige Optimisten hatten gehofft, daß sich die Bundesregierung um solche Verbesserungen wie den Brückenbau kümmern würde, aber Washington war dafür noch zu unerfahren. So machten sich Unternehmer ans Werk, die allesamt ein hölzernes Fachwerk wählten, welches im nächsten Jahrhundert die Brücken der USA prägte.

Warum wurden Brücken überdacht? Die Holzstützen für die Brücken hielten länger, wenn sie vor den Elementen geschützt waren.

Die komplizierten Fachwerkmuster, die im frühen 19. Jahrhundert auftauchten, lösten auch ein praktisches Bauproblem: Man konnte Flüsse überspannen, ohne deren Kanäle zu blockieren.

Die Muster wurden nach den Ingenieuren benannt, die sie entworfen hatten, wie Theodore Burr, William Howe

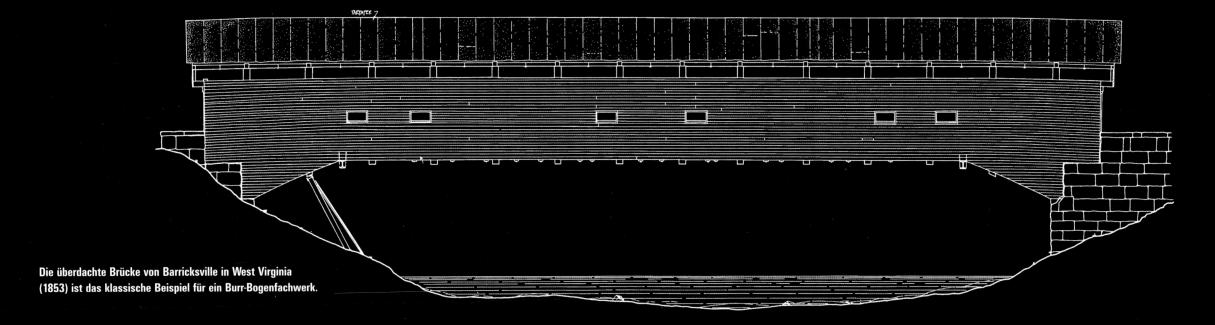

Die überdachte Brücke von Barricksville in West Virginia (1853) ist das klassische Beispiel für ein Burr-Bogenfachwerk.

und Colonel Stephen H. Long. Diese frühen „Brückenkünstler" waren zum größten Teil keine Architekten von Beruf, sondern Autodidakten, deren bauliches Geschick nur eine ihrer vielen Fähigkeiten war.

Die Erbauer der überdachten Brücken sahen ihre Unternehmungen als Verdienstmöglichkeit an. Man gründete Gesellschaften, Anteile wurden verkauft. Investoren planten, ihre Ausgaben durch Brückenzölle wieder hereinzuholen, selbst wenn diese, verglichen mit heute, minimal waren: ein Cent für Fußgänger, fünf Cents für ein Pferdefuhrwerk und zwei Cent für Kühe.

Es waren Männer wie Ithiel Town aus Connecticut, der seinen beliebten „Gitterfachwerk"-Entwurf für überdachte Brücken 1820 zum Patent anmeldete. Nach der Patentierung berechnete Town den Brückenbauern einen Dollar pro auf die Brücke gesetzten Fuß. Dank der Patentvertreter, die Towns Entwurf verkauften, baute man im New England des 19. Jahrhunderts hunderte solcher Fachwerkbrücken.

Man schätzt, daß von 1805 bis 1885 mehr als zehntausend überdachte Brücken in den Vereinigten Staaten gebaut wurden. Viele dieser Brücken brachen jedoch fast so schnell zusammen, wie sie gebaut wurden, da ihr hölzerner Aufbau anfällig war für Brände, Überflutungen und andere Naturkatastrophen. Warum machte man sie dann aus Holz, anstatt aus dem viel dauerhafteren Stein? Ganz einfach: Holz war in Hülle und Fülle vorhanden.

Als im 20. Jahrhundert Roß und Wagen durch das Auto ersetzt und die ersten Autobahnen gebaut wurden, begannen die überdachten Brücken mehr und mehr zu verschwinden. 1954 gab es nicht einmal mehr zweitausend Brücken dieser Art.

Doch gerade noch rechtzeitig erkannte man den Zauber dieser Brücken. Heute sind die noch vorhandenen überdachten Brücken nicht nur ein lebendiges Stück Geschichte, sondern auch wertvolle touristische Anziehungspunkte. Eine der bekanntesten dieser Brücken hieß übrigens „Kußbrücke", weil sie jungen Leuten als „Liebesnest" diente. Diese Brücke, die heute leider nicht mehr steht, überquerte De Voor's Mill Stream in New York City an der Stelle, an der sich nun die Kreuzung der Second Avenue und der 52. Straße befindet.

Überdachte Brücke in Rockland, Delaware, um 1920.

Überdachte Humpback Bridge, Dunlaps Creek, Virginia, 1857.

... ersucht, eine wegweisende Hängebrücke zu erstellen, die gleichzeitig Zugbrücke sein sollte, bauten (die Londoner) – im 19. Jahrhundert – eine Art mittelalterliche Burg aus Granit, gestalteten ihre Türme wie eine Kreuzung aus baptistischer Kapelle und rheinischer Festung, breiteten sich gewichtig über Himmel und Wasser aus, und schufen so auf dem Höhepunkt von Londons Macht und Modernität eine Brücke, die König Arthur angemessen wäre ... um, so kann man annehmen, vor sich selbst zu verbergen, daß er wahrlich ein Meisterstück der Ingenieurskunst erstellt hat.
— V.S. Pritchett, London Perceived, 1962

Die Brücke, die hier in der Entstehungsphase (1989) abgebildet wurde, war in technischer Hinsicht außerordentlich modern. Anstatt der Anbringung von Handkurbeln zum Heben und Senken der Brückenteile, wie sie bei anderen Zugbrücken zu finden sind, entwarf Barry ein von Dampfmaschinen betriebenes Hydrauliksystem, das in den Türmen verborgen war, und ließ es in doppelter Ausführung herstellen, um das Risiko von Fehlfunktionen zu minimalisieren.

Tower Bridge, London

Tower Bridge

Am Ende des 19. Jahrhunderts hatte sich London in östlicher Richtung so stark ausgedehnt, daß die London Bridge den starken Andrang nicht mehr bewältigen konnte. So erwarteten die Londoner mit großen Hoffnungen die Fertigstellung der Tower Bridge, einen Themseübergang flußabwärts, den Sir Horace Jones entworfen und Sir John Wolfe-Barry erstellt hatte.

Mit dem Bau wurde 1886 begonnen. Bei der Fertigstellung der Brücke 1894 zeigten sich die Londoner jedoch schockiert. Die Kritiker waren entsetzt über die Abweichung von den ursprünglichen Plänen. Jones Originalpläne, die dem damals modernen mittelalterlichen Stil entsprachen, waren zwar einfach, aber doch eindrucksvoll gewesen. Aber Jones verstarb 1881, was Barry größere künstlerische Freiheiten gestattete, als das unter der Leitung des Architekten der Fall gewesen wäre.

Die Ausgabe der Zeitschrift *The Builder* vom 30. Juni 1894 verdammte die Brücke als „den monströsesten und widernatürlichsten Schwindel, den wir je erlebt haben", und weigerte sich, durch den Abdruck einer Fotografie „Tafeln dafür zu verschwenden". Um Jones Gerechtigkeit widerfahren zu lassen, hatte Barry die Türme so entworfen, daß sie in architektonischer Hinsicht mit dem hochaufragenden mittelalterlichen Tower in der Nähe harmonisierten.

Die endgültige Brücke wurde vollkommen „fehlerfrei" erstellt, was Barrys Ruf rettete. So ist die Tower Bridge die einzige bewegliche aller 29 Themsebrücken. Jeder Flügel — die beiden Hälften der Fahrbahn, die in der Mitte der Spanne aufeinandertreffen und die sich in eineinhalb Minuten heben und senken lassen — wiegt über 907 Tonnen. Einst mehr als zwölfmal am Tag angehoben und wieder gesenkt, werden sie heutzutage kaum mehr geöffnet, da der Bootsverkehr stark nachgelassen hat.

Die Gefühle gegenüber der Tower Bridge sind im Laufe der Jahre immer positiver geworden, seit langem zählt sie zu Londons bekanntesten Wahrzeichen. Selbst der Architekturkritiker Eric de Maré, einer ihrer schärfsten Gegner, schreibt, daß die Briten „den alten Schwindel liebgewonnen haben . . . und wir müssen zugestehen, daß die Brücke ihre Aufgabe mit bewundernswerter Regelmäßigkeit und Effizienz erfüllt hat".

Die Brückentürme haben ein Stahlskelett und sind mit üppigen Verzierungen überzogen; das viktorianische Mauerwerk ist aus Granit aus Cornish und Portland-Stein. Die Türme mit einer Höhe von 63 Metern sind an der 43-Meter-Marke durch zwei stählerne Fußwege verbunden, die man 1909 schloß, um hier Flugabwehrkanonen aufzustellen. Im Jahr 1982 wurden sie wieder geöffnet.

Überquert	Entwurf/Bau	Fertigstellung	Mittelspannbreite	Material	Typ
die Themse	Sir Horace Jones, Sir John Wolfe-Barry	1894	61 Meter	Mauerwerk, Stahl	Zugbrücke

Die Gegenüberstellung von Schiene und Stadt bot eines der großen technischen und ästhetischen Probleme der industriellen Revolution ... (Die) Hell Gate Bridge ist ein Symbol für diese anspruchsvolle, ehrgeizige und machtbewußte Ära.
— David P. Billington, The Tower and The Bridge, 1983

Die Smithfield-Straßenbrücke (1882) in Pittsburgh war Lindenthals erster großer Brückenauftrag. Als linsenförmiges Fachwerk war sie Vorläufer diverser Brücken, die von Lindenthals Erforschung der Stahlbauweise beeinflußt wurden.

Hell Gate Bridge, Queens-Bronx, New York

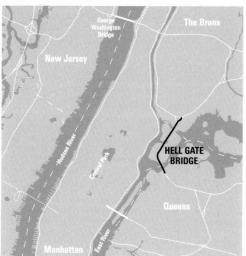

Hell Gate Bridge

Die Brücke ist nach dem Hell Gate, dem „Höllentor", benannt, wie holländische Seeleute den schmalen, gefährlichen Kanal zwischen Astoria, Queens und Ward's Island bezeichneten.

Bei ihrer Fertigstellung 1916 war Gustav Lindenthals Hell Gate Bridge der längste Stahlbogen der Welt. Sie war zugleich der sichtbarste Bestandteil der New Yorker Verlängerung der Pennsylvania-Bahnlinie, ein gewaltiges und teures Vorhaben, das schließlich die Linie mit Neu-England verband. Heute ist sie von den acht großen Brücken New Yorks jedoch die am wenigsten bekannte.

Gustav Lindenthal (1850–1935), ein Genie des Brückenbaus, wurde in Mähren geboren und wanderte 1874 in die Vereinigten Staaten aus. Im Alter von 30 Jahren hatte er sein eigenes Ingenieurbüro in Pittsburgh. Der Autodidakt wurde schon bald als bedeutender Ingenieur anerkannt. So rühmt Tom Buckley in einer Ausgabe des *New Yorker* von 1991 „die außergewöhnliche Intelligenz, Energie und Selbstdisziplin — eben alles, was ein erfolgreicher Brückenbauer haben mußte." Der Ehrgeiz brachte Lindenthal bald nach New York. Dort beaufsichtigte er die Fertigstellung der Williamsburg Bridge (1903), den Neubau der Manhattan Bridge (1909) und den Bau der Queensboro Bridge (1909).

Die Hell Gate Bridge ist Hauptteil einer Schienenverbindung, die aus zwei weiteren Brücken besteht (der Little Hell Gate Bridge, einer Fachwerkbrücke, und der Bronx Kill Bridge, einer Zugbrücke) und eine Reihe von Viadukten und Überführungen umfaßt, die sich über fünf Kilometer von Queens bis in die Bronx erstrecken. Lindenthal entwarf zwei Bogenformen: Der erste, beeinflußt von Eiffels Garabit-Viadukt, war sichelförmig, der zweite ein flacherer Bogen. Da Lindenthal massive Formen bevorzugte, die stark aussahen und es auch waren, wählte er den flacheren Bogen. Er war davon überzeugt, daß die Brücke noch stabiler aussehen würde, wenn er die Entfernung zwischen den oberen und unteren Zugstangen des Bogens vergrößerte und sie zwischen zwei massiven Türmen aus Mauerwerk unterbrachte. Die Vorzüge des flacheren Bogens und der Türme wurden ausführlich von den Kritikern diskutiert. Was nicht zur Debatte stand, war die Stärke der vierspurigen Brücke: Ihr Bogen hält einen Kompressionsdruck von 150 000 Tonnen aus und benötigte so die schwersten Träger, die je hergestellt wurden.

Lindenthal gilt mit Recht als einer der bedeutendsten Brückenkonstrukteure: Er überzeugte durch die Originalität und Kühnheit seiner Entwürfe. Verdienste erwarb sich Lindenthal überdies durch seine Unterstützung von zwei Männern, Othmar Ammann und David Steinman, die ihn als die bekanntesten Brückenbauer des 20. Jahrhunderts in den Schatten stellen sollten.

Trotz all seiner Erfolge sollte Lindenthal unerfüllt sterben, denn er hatte nie seinen Traum verwirklicht: eine Brücke, die über den Hudson führt. Dies blieb seinem früheren Assistenten Ammann vorbehalten: Er entwarf die George Washington Bridge (1931; s. S. 72–73).

Die Aussicht auf die Hell Gate Bridge sollte 1936 durch die Fertigstellung der nahen Triborough Bridge, einer Brücke für den Autoverkehr, verdeckt werden.

Die eleganten 30 Meter hohen Viaduktpfeiler wurden aus Beton erstellt — und nicht aus dem zunächst vorgeschlagenen Flechtwerk aus Stahlträgern. Denn Beamte der Stadtverwaltung fürchteten, daß die Insassen der Psychiatrischen Klinik auf Ward's Island und der Strafanstalt auf Randall's Island an den Stahlträgern hochklettern und entfliehen könnten.

Überquert	Entwurf/Bau	Fertigstellung	Spannweite	Material	Typ
den East River bei Hell Gate	Gustav Lindenthal	1916 — Längste Stahlbogenbrücke 1916–1931	298 Meter	Stahl	Bogenbrücke

Deine langen, bleichen, schwebenden Nebelfähnchen, von zartem Purpur gefärbt,
Die dichtnebligen Wolken, ausgespien aus dem Kamin,
Dein wohlgefügter Körper, deine Federn und Ventile, vibrierendes Blinken deiner Räder,
Deine Reihe von Wagen dahinter, gehorsam, fröhlich folgend,
Durch Sturm oder Ruh, hie schnell, da träge, doch beständig im Lauf;
Symbol für das moderne Sinnbild von Bewegung und des mächtigen Pulsschlages des Kontinents …
— Walt Whitman, To a Locomotive in Winter, 1855

Darius versammelte für seine Fotos so viele Leute wie möglich, um jedem einen Abzug zu verkaufen. Hier steht ein 73 Tonnen schwerer Lima-Shay-Zug, 1913 gebaut, auf einem Brückengerüst.

Bloedel Donovan's Bridge, King County, Washington

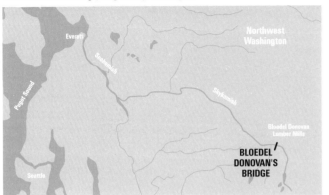

Bloedel Donavan's Bridge

Die Eisenbahn revolutionierte den Brückenbau. 1850, in der Blütezeit der Dampfmaschine, als Amerika unersättlich die Industrialisierung und die Ausbeutung seiner natürlichen Ressourcen vorantrieb, wurde eine Flut neuer Brückentechnologien entwickelt. Weil Schienenbrücken nicht nur ein massives, sondern auch bewegliches Gewicht zu tragen hatten, mußte die Basisbrücke – ein Balken über dem Wasser – durch Stützpfeiler oder eine Unterbauung mit einem komplizierten Gerüst, Hängewerk genannt, verstärkt werden – ein Bau aus Teilen, die in Form eines Dreieckes angeordnet waren.

Um einen starken Bau zu minimalen Kosten zu erstellen, verwendeten die Erbauer dieser Pfahl-und-Balken-Brücke erfinderisch Stämme ober- und unterhalb der Schwellen.

Im Gegensatz zu Europa besaß Amerika riesige und üppige Waldgebiete. Holz war das geeignete Material für eine junge Nation, die eifrig danach strebte, das riesige Land von einem Ende zum anderen mit Brücken zu verbinden. Holzbrücken konnten auch lange Zeiträume überdauern – sofern sie ihre beiden Feinde überlebten: Feuer und Wetter.

Am Ende des 19. Jahrhunderts hatten die Holzfäller des Pazifischen Nordwestens die Wälder abgeholzt, die den Straßen und Wasserwegen am nächsten lagen. Die Lokomotive verschaffte den Zugang zu weithin ausgedehnten, noch unerschlossenen Gebieten. Zudem lieferte Holz das Material für Schienenschwellen und diente auch der Energiegewinnung.

Die Aufbruchstimmung, die die Holzindustrie erfaßte, ist in einer Reihe außergewöhnlicher Fotografien festgehalten worden, von denen drei hier abgebildet sind. Sie wurden über einen Zeitraum von 50 Jahren von Darius Kinsey (1869–1945) gemacht. In erster Linie fotografierte er Lokomotiven, doch galt sein Interesse auch der Aufnahme von Holzbrücken. Die Negative der Aufnahme schickte er zur Entwicklung an seine Frau Tabitha (1875–1963) in Seattle.

Um zu einem Holzlager auf der Nordseite des Skykomish zu gelangen, ließen die Bloedel Donovan Lumber Mills im Jahr 1920 für 60 000 Dollar eine Holzbrücke errichten. Die 64-Tonnen-Lokomotive, die auf dem großen Foto zu sehen ist, ist eine 1923 gebaute Climax Nr. 11. Als 1935 ein großer Teil des Holztransports von Firmen übernommen wurde, die das Holz mit Lastwagen beförderten, legte man einfach Bretter auf die Brücke, so daß sich Züge und Lastwagen die Brücke „teilten", bis Mitte der 40er Jahre der Schienenverkehr eingestellt wurde. Auch die Holzbrücken ersetzte man nun durch beständigere Brücken aus Eisen.

1940 fiel Kinsey von einem Baumstumpf. Obwohl er dabei nicht verletzt wurde, machte er von diesem Zeitpunkt an kein Foto mehr. Die letzten 5 Jahre seines Lebens verbrachte er damit, sein Werk zu katalogisieren.

Das Erbe von Darius und Tabitha Kinsey, hier auf einem Selbstporträt etwa von 1906, ist eine Sammlung von 6000 Fotos, die die Landschaft und die Holzindustrie des Pazifischen Nordwestens dokumentieren.

Überquert	Entwurf/Bau	Fertigstellung	Länge	Material	Typ
den Skykomish	unbekannt	1920; heute zerstört	unbekannt	Holz	Fachwerk

Mach keine kleinen Pläne; sie haben nicht die Magie, des Menschen Blut aufzurühren ... Mach große Pläne ... bedenke, daß ein edles, logisches Vorhaben, einst aufgezeichnet, niemals sterben wird. Lange, nachdem wir vergangen, wird es ein lebendiges Ding, das sich mit immer stärkerer Beständigkeit behauptet.
— Daniel Burnham, 1907

In den 1920er Jahren entstanden mehrere Wahrzeichen an der Michigan Avenue, z.B. das überladene Wrigley Building (1924), entworfen von Graham, Anderson, Probst & White, hier eingerahmt von den offenen Brückenflügeln.

Als ich ein Junge war und den Mann sah, der die Torrence Avenue Bridge wartete und bediente, dachte ich immer: Was für ein cooler Typ. Jetzt bin ich dieser coole Typ.
— Stan Kaderbek, Chefingenieur, Abteilung für Brücken und Übergänge, Transportverwaltung Chicago, 1997

Michigan Avenue Bridge

Als Teil ihres visionären Chicago-Planes von 1909 entwarfen Daniel Burnham und Edward Bennett eine große Verbindung zwischen dem Grant- und Lincoln-Park. Sie hofften, damit erfolgreich gegen das Verkehrschaos angehen zu können, und, was noch wichtiger war, Chicago mit einer Brücke berühmt zu machen, die so schön und monumental sein sollte, wie jene in den großen Städten der Welt.

Burnham, den man als „den Stadtverschönerer" kannte, hatte seinen großen Bauplan für Chicago ersonnen, als er die im klassischen Stil entworfene Amerikanische Weltausstellung plante.

Die Michigan Avenue Bridge war ein entscheidendes Verbindungsglied in der Ordnung der Verkehrswege nach Chicagos Planungsleitlinien. Vor ihrem Bau endete die Michigan Avenue am Chicago River, und nahezu die Hälfte von Chicagos Nord-Süd-Verkehr zwängte sich über die Rush-Street-Drehbrücke.

Nach Burnhams Tod im Jahr 1912 übernahm Bennett den Brückenentwurf, den er mit Hilfe der Ingenieure Thomas G. Pihlfeldt und Hugh Young weiterführte. Die Brücke war die Verbesserung eines Drehzapfentyps, einer beweglichen Brücke, wie man sie in Chicago ohne Ausnahme seit der ersten, der Cortland-Straßenbrücke von 1902, verwendet hatte.

Bascules sind Zugbrücken, die seit dem Mittelalter gebaut werden. Von dem französischen Wort *bascule* (= Schaukel) herrührend, funktioniert eine Drehzapfen-Bascule vermittels Drehung auf einem senkrechten Schaft, dem Drehzapfen. Die zwei Brückenhälften, die jeweils 3030 Tonnen wiegen, werden durch Getriebe in den Brückenhäusern gehoben und gesenkt und von einem 50-PS-Motor betrieben. Die Brücke war so fein ausbalanciert, daß sie nach ihrem Anstrich – wofür man fast 2000 Pfund Farbe brauchte – neu geeicht werden mußte.

Die Michigan Avenue Bridge war das bauliche Meisterwerk der Stadt: die erste zweiflügelige Doppeldeck-Drehzapfen-Zugbrücke, die mit zwei Ebenen Verkehr fertigwerden und die Brückenteile in weniger als 60 Sekunden hochziehen konnte. Über die Jahrzehnte hinweg sind große Teile von Burnhams Plan, darunter die Michigan Avenue Bridge, realisiert worden. Die Brücken von Chicago sind heute bemerkenswerte Wahrzeichen der Stadt geworden.

Vier massive Brückenhäuser aus Kalkstein bilden einen monumentalen Aufweg. Sie sind mit heroischen Reliefs von J. E. Fraser und Henry Herring geschmückt.

Die City von Chicago besitzt 37 bewegliche Brücken, mehr als jede andere Stadt der Welt. Ab dem Jahr 1902 wurde, mit zwei Ausnahmen, jede dieser Brücken als Zugbrücke erbaut. In der Tat sind diese so typisch für diese Stadt, daß sie als „Chicago-Typ" bezeichnet werden.

Standort	Ingenieur	Fertigstellung	Spannweite	Material	Typ
Über den Chicago River	Edward H. Bennett, Thomas G. Pihlfeldt	1920	78 Meter	Stahl, Kalkstein	Doppeldeck-Drehzapfen-Zugbrücke

Die Vorstellung einer unabhängigen Form der Baukunst hat ihren Ursprung in den Studien von Maillarts Werk.
— David P. Billington, The Tower and the Bridge, 1983

Salginatobel-Brücke, bei Schiers, Schweiz

Für die Tavanasa-Brücke (1905) über den Rhein bei Tavanasa, Schweiz, experimentierte Maillart mit einer offenen Bogenform, die der von Salgina vorausging. Die Tavanasa-Brücke wurde 1927 durch eine Lawine zerstört.

Salginatobel-Brücke

Die Geschicklichkeit der Römer im Umgang mit Zementformen sollte mit ihrem Reich untergehen, um erst wieder in der Zeit zwischen 1870 und 1900 Bedeutung zu erlangen. Während dieser Zeitspanne entwickelte man einen neuen Zementtyp, nun mit Metalleinfügungen verstärkt, und zwar gleichzeitig in Deutschland, Amerika, England und Frankreich. Zu den berühmtesten Pionieren auf diesem Feld gehören Joseph Monier (1823–1906), ein Pariser Gärtner, François Hennebique (1843–1921), ein Baumeister, dessen Arbeit zur ersten großräumigen Anwendung von Zement im Jahre 1896 führte, und nicht zuletzt Eugène Freyssinet (1879–1962), der Erfinder von Spannbeton. Die strukturellen und ästhetischen Möglichkeiten von armiertem Beton sollten ihre höchste Vollendung in den Brücken des großen Schweizer Ingenieurs Robert Maillart (1872–1940) erhalten.

„Stahlbeton wächst nicht wie Holz, er wird nicht gerollt wie Stahl und er hat auch keine Fugen wie Mauerwerk", schrieb Maillart 1938. Seine eigenen Worte machen deutlich, warum sein Werk revolutionär war: Mit der Erkenntnis, daß Zement ein strukturell einzigartiges Material ist, nutzte Maillart sein Wissen in innovativen Formen. Zwischen 1900 und 1940 erstellte er 47 Brücken, die bis auf drei noch alle stehen. Sein Meisterwerk, die Salginatobel-Brücke, überspannt eine steil abfallende Schlucht mit solcher Anmut, daß ihre Silhouette zu einem Symbol für die Architektur des 20. Jahrhunderts wurde.

Maillarts Züoz-Brücke (1901) war die erste, die aus hohlen Betonkörpern errichtet wurde. Ihre Bogenwände waren jedoch solide, wie die der traditionellen Mauerbögen. Als die Brücke Risse bekam, begann Maillart mit der Untersuchung neuer Formen. In seinem Entwurf aus dem Jahr 1904 für die Tavanasa-Brücke entfernte er die Bogenwände.

Die Tavanasa ist ebenso wie die Salginatobel-Brücke ein Hohlkasten-Dreigelenkbogen im Kanton Graubünden. Wie David Billington – Maillarts Biograph und bedeutender Bauhistoriker – ausführt, ist das Tavanasa-Design bei der Salginatobel-Brücke jedoch umgewandelt; die weiße Brücke scheint auf einer Seite aufzutauchen und die Schlucht zu überspringen, wie befreit durch die Eliminierung aller schweren Steinelemente, die durch die Verwendung von Stahlbeton unnötig wurden.

Im Jahrzehnt nach der Fertigstellung der Salginatobel-Brücke schaffte Maillart seine bedeutendsten Werke. Das berühmteste ist die geschwungene Schwandbach-Brücke bei Schwarzenburg in der Schweiz. Dabei erforschte er mit technischer und ästhetischer Versiertheit eine begrenzte Anzahl grundlegender Formen. Sigfried Giedion, der als erster 1941 das Werk Maillarts der Öffentlichkeit nahebrachte, beschreibt sein Leben als „ständigen Kampf gegen wirtschaftlichen Druck und gegen den öffentlichen Stumpfsinn". 1940 starb Maillart ohne die Anerkennung, derer sich sein Werk heute erfreut. 1947 startete das Museum für Moderne Kunst in New York eine Ausstellung seines Werkes – die erste Museumsschau, die jemals der Arbeit eines Architekten gewidmet wurde.

Eine Nahansicht von Salginatobels dynamischer Unterseite enthüllt die sich steigernde Breite von Bogen und Kreuzungsmauer (links).

| Überquert | die Salgina-Schlucht | Entwurf/Bau | Robert Maillart | Fertigstellung | 1930 | Spannweite | 90 Meter | Material | Stahlbeton | Typ | Bogenbrücke |

Die George Washington Bridge über den Hudson ist die schönste Brücke der Welt ... Sie ist gesegnet. Es ist der einzige Ort der Gnade in dieser verwirrten Stadt. Hier scheint die Stahlarchitektur endlich ein Lachen anzustimmen.
— Le Corbusier, When Cathedrals Were White, 1947

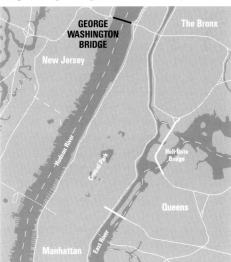

George Washington Bridge, New York-New Jersey

Othmar Hermann Ammann (1879–1965), der überaus begabte, in der Schweiz geborene Architekt der längsten je gebauten Hängebrücke, wanderte im Jahre 1904 nach New York aus. Als leitender Bauingenieur unter dem legendären Parkbeauftragten Robert Moses sollte Ammann Verkehrswege in den drei Staatsarealen neu ausloten, deren Zentrum Manhattan war. Er sollte alle sechs New Yorker Hauptbrücken entwerfen – die George Washington, die Bayonne (1931), Triborough (1933), Bronx-Whitestone (1939), Throg's Neck (1961) und die Verrazano Narrows (1964). Darüber hinaus war Ammann bei rund einem Dutzend von Nordamerikas bedeutendsten Brücken als Berater tätig.

George Washington Bridge

Zwei Jahre nachdem Henry Ford 1908 das erste massenproduzierte Automobil vorgestellt hatte, waren in Amerika schon 485 000 Wagen registriert. 1929 war diese Zahl auf 26,7 Millionen hochgeschnellt. Nirgendwo war das Verkehrsaufkommen größer als in der rasch aufstrebenden Metropole Manhattan, wo das Bedürfnis nach einem zusammenhängenden Transportsystem am dringlichsten war.

Mit der 1921 erfolgten Gründung dessen, was schließlich als die Hafenbehörde von New York und New Jersey bekannt wurde, sollte die Hudson-Überquerung, die sich schon viele gewünscht hatten, verwirklicht werden. Von Othmar H. Ammann entworfen und während der Depressionszeit gebaut, wurde die George Washington Bridge bei ihrer Einweihung 1931 von Franklin Delano Roosevelt als „nahezu übermenschlich in ihrer Perfektion" bezeichnet. Zu dieser Zeit war sie die längste Hängebrücke der Welt und beeinflußte grundlegend die Entwürfe aller folgenden Brücken dieses Typs. Ammanns Brücke war ebensogut geplant wie seine Kampagne zur Realisierung des Bauvorhabens.

Die George Washington Bridge, kurz auch GWB genannt, wurde in technischer, ästhetischer, finanzieller und auch geographischer Hinsicht ein großer Erfolg. Sie revolutionierte die Entwürfe langer Spannweiten, indem sie schwere und teure Versteifungsjoche überflüssig machte. Das Resultat war eine überaus stabile Brücke, die ebenso elegant wie wirtschaftlich war. Genial war auch ihre Lage zwischen der 178. Straße West in New York und Fort Lee, New Jersey, wo der Hudson am schmalsten ist, was den Bau vereinfachte, und das Gelände erhöht liegt, wodurch lange Aufwege reduziert wurden. Der Verkehr in beide Richtungen wurde so von Manhattans stets verstopfter Mittelstadt weggeleitet. Mit exemplarischer Weitsicht plante Ammann auch gleich das zukünftige „Wachstum" der Brücke mit ein: 1946 wurden die sechs Fahrspuren auf acht erweitert; 14 Fahrbahnen gewann man 1962 durch Einziehen einer tieferen Ebene hinzu, die bereits im ursprünglichen Plan vorgesehen war.

Schon nach 6 Jahren wurde die Golden Gate zur „längsten Hängebrücke der Welt" (s. S. 82 f.), der dann im Jahr 1957 die Mackinac Bridge diesen Titel streitig machte (s. S. 88 f.). Doch sieben Jahre später fiel der Ehrentitel mit der Fertigstellung seiner letzten großen Brücke, der Verrazano Narrows, die bis heute Nordamerikas längste Hängebrücke ist, wieder an Ammann. New Yorker, die im Stau stecken, wenn sie auf dem West Side Highway sind, haben genug Zeit, um über die elementare Wucht der George Washington Bridge nachzusinnen, die zweifellos als das Meisterwerk des großen Ingenieurs anzusehen ist.

Der beratende Architekt Cass Gilbert, bekanntgeworden durch sein Woolworth Building, entwarf monumentale, granitverkleidete Brückentürme mit Restaurants und Aussichtsplattformen, wie hier in einer Skizze von 1926 abgebildet. Wirtschaftliche Zwänge sowie die Auffassung der Öffentlichkeit, daß das freiliegende Gitterwerk aus Stahl besser aussehen würde, führten zu der Entscheidung, die 254 Meter hohen Türme unverkleidet zu belassen.

Die GWB bewies Ammanns revolutionäre Theorie, daß bei entsprechender Berechnung das Eigengewicht von Deck und Kabeln einer Hängebrücke gegen starken Wind ausreichen. Die Brücke war so stabil, daß sie beim Absturz eines Privatflugzeuges im Dezember 1965 – wie zum Glück der Pilot auch – unversehrt blieb.

| Überquert | den Hudson | Entwurf/Bau | Othmar H. Ammann | Fertigstellung | 1931 Längste Hängebrücke von 1931–1937 | Spannweite | 1067 Meter | Material | Stahl, Beton | Typ | Hängebrücke |

Während der Depression bot die Brücke Hunderte von Arbeitsplätzen. Die Baukosten waren erst 1988 abbezahlt.

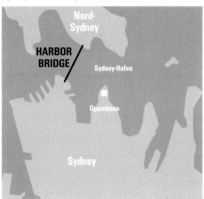

Sydney Harbor Bridge, Sydney, Australien

Die Sydney ist architektonisch überzeugender als die Bayonne durch ihre Einbeziehung der riesigen, nahezu hundert Meter hohen Pylone, die den Bogen perfekt in sich aufnehmen.
— David Plowden, Bridges: The Spans of North America, 1974

Sydney Harbor Bridge

Eines von Australiens bekanntesten Wahrzeichen und die wohl am dramatischsten gelegene Brücke der Welt ist die Hafenbrücke von Sydney, deren deutliches Bogenprofil ihr den liebevollen Spitznamen „der alte Kleiderbügel" einbrachte. Seit ihrem Eröffnungstag im Jahre 1932 ist das imposante Bauwerk ein Synonym für Sydney geworden.

Interessanterweise war die Brücke nicht als Bogen geplant. John Job Crew Bradfield (1867–1943), leitender Bauingenieur des Amtes für Öffentliche Bauten für New South Wales, hatte zahlreiche Pläne für die Brücke bearbeitet und auch einen eigenen vorbereitet. Aber nachdem er Gustav Lindenthals Hell Gate Bridge gesehen hatte, die ihn stark beeinflußte (s. S. 64 f.), ließ Bradfield seinen früheren Ausleger-Entwurf zugunsten einer Bogenbrücke fallen. Daraufhin einigte man sich auf einen Zweigelenk-Bogen-Entwurf von Sir Ralph Freeman (1880–1950).

Bei Bogenbrücken ist ein Leergerüst nötig, das den Bogen während des Aufbaus trägt. Weil man die Sydney Harbor Bridge über dem tiefsten Teil des Hafens anlegte, war die Verwendung einer solchen zeitlich begrenzten Unterstützung unpraktisch. Statt dessen wurden die beiden Bogenhälften von jedem Ufer aus nach außen geschwenkt, bis sie in der Mitte verbunden werden konnten. Das Deck wird von Stahltrossen getragen, die von dem Bogen aus Stahlträgern und -blechen herabhängen. Die Sydney Harbor Bridge ist außerordentlich stabil und breit; mit ihrer Deckbreite von 49 Metern ist sie die breiteste Brücke der Welt. Ihre Fahrbahn trägt vier Eisenbahn- und Straßenbahnschienen sowie acht Spuren für den Autoverkehr und Fußwege.

Die Brücke ist flankiert von einem Paar ornamentaler, ägyptisch anmutender Pylonen die bis 1990, als sie keinen anderen Zweck hatten, als eine Art visueller „Rückversicherung" für die Stabilität der Brücke darzustellen, Verwendung als Ventilatorenträger für einen neuen unterirdischen Tunnel fanden. Die Brücke unterscheidet sich von ihrer „Schwester", der Hell Gate Bridge, in einer wichtigen Hinsicht: Bei der Sydney Harbor Bridge endet die obere Zugstange des Bogens unmittelbar vor den Pylonen und hebt so die tragende Rolle des Untergurts hervor, der aus dem Widerlager entspringt; bei der Hell Gate hingegen ist die obere Zugstange im Mauerturm verborgen.

Ironischerweise eröffnete die Bayonne Bridge zwischen Newark, New Jersey und Staten Island, New York, ein immenser, wenn auch wesentlich leichterer Stahlbogen von Othmar Ammann, nur einige Monate vor der Brücke von Sydney. Gerade mal 1,50 Meter länger, zerschlug der Bayonne-Bogen damit Sydneys Anspruch auf den Titel der längsten Stahlbogenbrücke der Welt. Die Sydney Harbor Bridge erfreute sich bereits unmittelbar nach ihrer Eröffnung größter Beliebtheit: Sie wurde fotografiert, gemalt und im Miniaturformat als Souvenir herausgebracht.

Die Geographie der Stadt wird durch die Brücke bestimmt. Das nördliche Sydney liegt nördlich von ihr, das südliche südlich. Und West-Sydney beginnt unmittelbar westlich der Brücke, die östlichen Vororte sind das Gebiet östlich davon.

Überquert	Entwurf/Bau	Fertigstellung	Spannweite	Material	Typ
den Hafen von Sydney	J. J. C. Bradfield, Sir Ralph Freeman	1932 Breiteste Brücke mit großer Spannweite	503 Meter	Stahl	Bogenbrücke

Brücken des Krieges

Im Uhrzeigersinn von links:

Auf dieser Ansicht aus dem Bürgerkriegs-Jahr 1864 bilden mit Zelttuch überzogene Boote von New Yorker Pionieren eine Brücke.

Die Schwimmer im Vordergrund sind Japaner, die 1937 eine Pontonbrücke aus Booten über den Liuli in China schlugen.

Der Körper eines getöteten amerikanischen Soldaten liegt hier auf einer schmalen Pontonbrücke über der Ruhr, 1945.

Japanische Soldaten tragen eine Pontonbrücke zu einem Fluß nahe Yungsin, China, 1939.

Eine Bailey-Behelfsbrücke über die Wümme in Rotenburg, Deutschland, die 1952 unter dem Gewicht eines 54-Tonnen-Panzers zusammengebrochen ist.

Behelfsbrücke, die von Bausoldaten des amerikanischen Marinecorps über einen Dschungelfluß auf Guadalcanal (Solomoninseln) 1942 geschlagen wurde.

Eine Bailey-Behelfsbrücke im Bau, England 1944.

Militärbrücken dienen nicht immer einem zeitlich begrenzten Zweck, wie fälschlicherweise häufig angenommen wird. Man unterscheidet drei Haupttypen von Militärbrücken: scherenartige Katapultbrücken, die faltbar sind und oft von gepanzerten Fahrzeugen gelegt werden, Schwimmbrücken (auch Ponton- oder Bandbrücken genannt) und Bailey-Behelfsbrücken, die aus abgemessenen Bauteilen zusammengesetzt werden.

Pontonbrücken, die aus einer Reihe von Booten bestehen, gehen zurück auf die alten Chinesen, Griechen, Römer und Perser. Die berühmteste war die über drei Kilometer lange Brücke über den Hellespont (Dardanellen), die 480 v. Chr. persische Bauleute zum Übersetzen von Xerxes' Invasionsarmee anlegten. Nach Herodot hatte man sie aus 676 Schiffen in zwei parallelen Reihen erstellt, deren Kiele in Strömungsrichtung aufgereiht waren.

Mit der zunehmenden Entwicklung der Kriegstechnologie nahmen auch die Transportprobleme zu: Riesige Mengen schwerer Ausrüstung mußten über große Entfernungen transportiert werden, was den strategischen Wert von Brücken größer als je zuvor werden ließ. Militärische Baueinheiten bemühten sich in wachsendem Maße darum, ihrer Armee beim Kämpfen beizustehen. Vor dem Ausbruch des Zweiten Weltkrieges arbeiteten sie größtenteils mit primitiven Werkzeugen und in der Umgebung erhältlichem Material. In den ersten Jahren des Krieges zählte zu den einfacheren Aufgaben der Baueinheiten auch die Verwendung von bereits vorhandenem Material zum Brückenbau. Eine neue, beständigere Lösung des Problems war jedoch dringend nötig.

Die Fähigkeit des Pioniers, den Verlauf der Kriegshandlungen zu beeinflussen, wurde schon bald durch die Entwicklung einer Ausrüstung zum raschen Brückenschlag vorangetrieben. Die größte Errungenschaft auf diesem Gebiet war die Bailey-Brücke von Sir Donald Coleman Bailey, leitender Ingenieur der Experimental-Pionierabteilung von Christchurch in der englischen Grafschaft Dorset. Baileys einfacher und doch höchst beweglicher Entwurf erfüllte alle Kriterien bezüglich der Transportbedürfnisse, der Flexibilität des Entwurfs und des Tragens von Lasten.

Diese phänomenal erfolgreichen Balkenbrücken waren aus einer Reihe von Stahlgittertafeln erstellt, die durch hochgespannte Bolzen an jeder Ecke gehalten wurden. Die Flexibilität des Entwurfs bedeutete, daß sich diese Tafeln vervielfachen ließen und so die notwendige Länge und Stabilität lieferten. Obgleich das ursprüngliche Konzept eine einfache gerade Brücke vorsah, bezogen spätere Entwicklungen Bögen und sogar Türme mit ein. Zuerst während des Nordafrika-Feldzuges in der zweiten Hälfte des Jahres 1942 in Tunesien im Kampf verwendet, wurden die Bailey-Brücken schnell zur Hauptbrückenausrüstung der alliierten Armeen.

Während des Krieges wurden diese Brücken in vielen Zusammenstellungen genutzt, von Schwimm- bis zu Hängebrücken. Die Bailey-Brücke konnte vor Ort umgebaut werden und so größere Lasten und größere Verkehrsmengen tragen. Auch im Pazifik und in China fanden sie Anwendung. Die deutsche „D"-Brücke verfügte über ähnliche Funktionen. Bailey-Brücken waren auch noch lange nach dem Krieg ein vertrauter Anblick. Sie „unterstützten" die alten Brücken, die aufgrund des zunehmenden Verkehrsaufkommens immer weiter verfielen.

Alle klugen Vorrichtungen und Sicherheitsvorkehrungen des Menschen hatte ein 30 Sekunden dauerndes Zucken der Erdkruste zunichte gemacht.
— Jack London, The Story Of An Eyewitness, Collier's, 1906

San Francisco/Oakland Bay Bridge, Kalifornien

Am 17. Oktober 1989, kurz nach 17 Uhr, als der Pendelverkehr in der Bucht am stärksten war, gab es ein Erdbeben, das auf der Richterskala 7,1 erreichte. Zwanzig Sekunden später war es vorbei. Es hatte 62 Menschen das Leben gekostet und einen Teil der San Francisco/Oakland Bay Bridge, eine der überragenden architektonischen Leistungen des 20. Jahrhunderts, zum Einsturz gebracht.

Obgleich man schon in der Zeit des kalifornischen Goldrausches von einem Übergang zwischen San Francisco und Oakland geträumt hatte, schienen die Breite und die Tiefe der Bucht unüberwindlich. 1928 jedoch wurden schon 46 Millionen Passagiere jährlich zwischen den Städten auf Fähren hin- und herbefördert, und das überaus beliebt gewordene Automobil bestimmte bereits den kalifornischen Lebensstil. Schließlich begann 1930 unter der Leitung von Charles H. Purcell, dem führenden Straßenbauingenieur des Staates, der Bau der 77-Millionen-Dollar-Brücke.

Purcell entwarf zwei getrennte, durch einen Tunnel verbundene Überquerungen. Den Tunnel legte man durch Yerba Buena, die Insel, die zwischen den beiden Ufern liegt. Die 13,50 Kilometer lange Brücke besteht aus dem Übergang der Westbucht – zwei nebeneinanderliegende Hängebrücken mit 704-Meter-Hauptfeldlänge und 354-Meter-Endfeldlänge –, einem Tunnel von 800 Metern Länge und dem Übergang der östlichen Bucht – eine Auslegerbrücke mit einer Hauptspannweite von 427 Metern – sowie einem langen Viadukt zum Oakland-Ufer. Bei ihrer Fertigstellung brachen beide Übergänge den Längen-Weltrekord.

Die größte Herausforderung bei der Erstellung des Westbucht-Überganges war das Einlassen der Zentralverankerung für die zwei Hängebrücken in den Felsen 67 Meter unter dem Wasser; eine Aufgabe, die man durch die Verwendung eines mehrkuppeligen Senkkastens bewältigte, den Daniel Moran eingebaut hat. Doch auch der Ost-Bucht-Übergang gehört der Superlative an: Bei seiner Fertigstellung war er die längste Auslegerbrücke der Welt, und er kann sich immer noch des tiefsten Brückenpfeilers der Welt rühmen, der 74 Meter unter Wasserhöhe getrieben wurde.

Die vom Loma-Prieta-Erdbeben verursachten Schäden behinderten die Pendler des Buchtgebietes in starkem Maße, weshalb man sie rasch behob. Die geschätzten Kosten für eine erdbebensichere Neuausstattung sind so hoch (etwa 1,3 Milliarden Dollar), daß der Staat lieber gleich einen neuen Übergang für 1,5 Milliarden anlegen würde. Um die Bewohner der Bucht zu beruhigen, die wegen der Baupläne aufgebracht sind, weil diese die Silhouette der Stadt stark verändern würde, hat das kalifornische Verkehrsministerium On-line-Brückensimulationen geschaffen.

Als das Erdbeben zuschlug, wurden die Bolzen, die einen Teil des Oberdecks der Fachwerksektion über der östlichen Bucht hielten, abgetrennt, wodurch ein Stück davon auf die untere Fahrbahn fiel.

112 000 Kilometer Draht wurden in den Tragseilen der Brücke verarbeitet, die man auf diesem Foto in voller Größe sieht.

San Francisco/Oakland Bay Bridge

Überquert die Bucht von San Francisco	Entwurf/Bau Charles H. Purcell	Fertigstellung 1936	Hängebrücken je 104 Meter Auslegerbrücke 427 Meter	Material Stahl	Typ Hängebrücke, Ausleger-Fachwerkbrücke

Die Rogue-Flußbrücke (1932) in Gold Beach, Oregon, war die erste amerikanische Brücke, bei der Spannbeton verwendet wurde, eine Technik, die der französische Ingenieur Eugène Freyssinet zum ersten Mal im Jahr 1910 einsetzte.

Siuslaw-Flußbrücke, Florence, Oregon

Conde Balcom McCullough (1887–1964) machte das Brückennetz von Oregon durch die Schaffung von wirtschaftlich effizienten und optisch ansprechenden Bauten zu einem nationalen „Schmuckstück".

Die Route 101, bekannt als Oregon-Küstenstraße, ist Conde McCulloughs Meisterstück. Seine zehn großen, in den 30er Jahren gebauten Brücken waren ihrer Zeit weit voraus. Wie kam McCullough – der in Süd-Dakota zur Welt kam, in Iowa zur Schule ging und zeitlebens keine größeren Reisen ins Ausland unternommen hatte – zu seinem immensen Wissen über den Bau von Brücken?

Kenner seiner Arbeit schreiben seine erstaunlichen Kenntnisse einem Rechtsstreit zu. Nach seinem Abschluß am Iowa State College 1910 arbeitete McCullough in Des Moines für James Marsh, dessen Firma sich mit neuen Brückenbaumethoden beschäftigte, bei denen Stahlbeton zum Einsatz gelangte. Später wechselte der Ingenieur zum Straßenbauamt von Iowa, das seine Straßenbauprogramme angesichts des immer stärker werdenden Autoverkehrs neu überdenken mußte. 1912 wurde Marsh von dem Architekten Daniel Luten wegen Patentverletzung angezeigt. Der Staat stellte sich auf die Seite von Marsh und beauftragte McCullough Beweise zu sammeln, die die Unschuld des Unternehmers beweisen sollten. Das Resultat: eine 600seitige Dokumentation. Die Vermutung liegt nahe, daß es eben diese Arbeit war, der McCullough sein umfassendes Wissen über die Eigenschaften von Beton verdankte, von dem er sein Leben lang zehren sollte.

Von 1919 bis 1935 war McCullough leitender Brückenbau-Ingenieur von Oregon. Dank der Gelder aus Franklin D. Roosevelts Programm für öffentliche Bauten überwachte er den Bau Hunderter von Brücken. Seine zehn Hauptbrücken an der Oregon-Küstenstraße stellen, einschließlich der drei hier abgebildeten, McCulloughs Werk auf dem Höhepunkt seiner Karriere dar.

Die Siuslaw-Flußbrücke veranschaulicht sein außerordentliches Bau- und Architekturwissen. Die bewegliche zweiteilige Zugbrücke wird von zwei Bogenträgern von je 47 Metern Länge flankiert. Die Brücke und ihre Aufwege sind mit allerlei Verzierungen ausgestattet – wie man bei den Pylonen, Brückenhäuschen, verstrebten Balustraden und Aufwegbögen sehen kann. Sie stellen McCulloughs meisterhafte Verwendung von Beton unter Beweis und dokumentieren überdies seinen souveränen Umgang mit Art-déco-, ägyptischen und gotischen Motiven.

Die Yaquina Bay Bridge (1936) in Newport, Oregon, ist eine elegante Kombination aus Stahl und Bögen aus Stahlbeton.

Siuslaw-Flußbrücke

Die Küstenstraße von Oregon besitzt das vielleicht größte Brückenensemble Amerikas ... Daß Conde McCullough im Verlauf von acht Jahren zehn große Brücken auf ihr erstellte, und das auf dem Höhepunkt der Depression, ist schon mehr als erstaunlich.

— Eric DeLony, Leiter des Historischen Verzeichnisses für industrielle Baudenkmäler, 1997 bei einem Gespräch mit dem Autor

| Überquert | den Siuslaw | Entwurf/Bau | Conde B. McCullough | Fertigstellung | 1936 | Spannweite | 43 Meter | Material | Beton, Stahl | Typ | Doppelflügel-Zugbrücke |

Und das Wetter! Der Wind brüllt, der Nebel wird dicht und suppig ... Manchmal sind wir ... über dem Nebel. Drunten friert es die Touristen, während wir hier oben in T-Shirts braun werden.
— Bud Wiley, Anstreicher der Golden Gate Bridge, in: Above It All, in: Life, 1995

Die Verwüstungen des Erdbebens von 1906, der Erste Weltkrieg und die Depression, politischer Widerstand und Opposition derjenigen, die glaubten, die Brücke würde die Schönheit des Buchtareals zerstören, verzögerten den Bau der Golden Gate Bridge um ein halbes Jahrhundert.

Golden Gate Bridge, San Francisco, Kalifornien

Golden Gate Bridge

Die majestätische Golden Gate Bridge, Magnet für Brückenliebhaber in der ganzen Welt, ist nicht nur ein Synonym für das Buchtgebiet von San Francisco, sondern auch für große Hängebrücken.

Joseph B. Strauss (1870–1938), ein altgedienter Brückenarchitekt, den man nach einem Wettbewerb zum leitenden Bauingenieur machte, hatte zwei Jahrzehnte lang um die Errichtung der Brücke gekämpft. Um die bis dahin längste Brücke, die jemals gebaut worden war, zu realisieren, zog Strauss auch einige Konkurrenten wie O.H. Ammann, Charles Derleth und Leon Moisseiff zu Rate.

Der größte Vorteil der Brücke – ihre Lage – war auch die größte Herausforderung beim Bau. Der beste Standort für ihren südlichen Pfeiler war eine Stelle 339 Meter vom Ufer weg, in tiefem und eisigem Meerwasser. Strauss plante den Bau eines umschlossenen, ovalen Fenderringes um den Standort des Pfeilers, der mit einem riesigen Senkkasten hinausbefördert und mit Beton abgesenkt wurde. Zum Pfeiler hinaus legte man vorübergehend eine Gerüststraße für den Transport von Lastwagen und Wasserrohren. Nachdem diese zerstört wurde und zweimal neu gebaut werden mußte, nahmen die Verzögerungen und Kosten zu. Strauss ließ den ursprünglichen

Plan fallen und wandelte den ovalen Rahmen zu einer Sicherheitskammer um, die, mit Beton gefüllt, Stütze für die Pfeiler wurde. Dann begann man mit dem Bau der Art-déco-Türme. Der Stahl für dieses Projekt kam über den Panamakanal aus Pennsylvania; die Kabel fertigten John A. Roebling & Söhne aus New Jersey an.

Strauss bestand auf rigoroser Sicherheit, wie Helme und ein Sicherungsnetz, was es bis dahin bei großen Bauvorhaben nicht gegeben hatte. Das Netz rettete 19 Arbeitern das Leben; sie bildeten daraufhin den Auf-halbem-Weg-zur-Hölle-Club.

Am 27. Mai 1937 strömten 200 000 Menschen über die neue Brücke. Der „Fußgänger-Tag" wurde zum 50. Geburtstag der Brücke 1987 als „Bridgewalk 87" neu inszeniert. Anläßlich ihres 60. Jahrestages schuf das Straßenbauamt eine Web-Site (http://www.ggb60.com), mit deren Hilfe Surfer einen virtuellen Gang über die Brücke machen können.

Im Gegensatz zur gängigen Annahme wird die Brücke nicht jedes Jahr neu angestrichen. Maler sind zwar immer am Werk, aber nur bei Arealen, die in der salzigen Luft korrodiert sind. Ein Charakteristikum der Brücke ist ihre berühmte Markenfarbe: International Orange.

Nach 22 Jahren überwand Joseph Strauss schließlich „den beständigen Widerstand einflußreicher Interessenverbände". Er vollendete die 27-Millionen-Dollar-Brücke nur fünf Monate nach dem versprochenen Termin – und um 1,3 Millionen billiger. Für seine Bemühungen bekam Strauss eine Million Dollar und einen Brückenpaß auf Lebenszeit.

Überquert	Entwurf/Bau	Fertigstellung	Spannweite	Material	Typ
die Golden-Gate-Meeresstraße	Joseph B. Strauss	1937 Längste Brücke der Welt von 1937–1964	1280 Meter	Stahl, Beton	Hängebrücke

Es wurde nicht erkannt, daß die aerodynamischen Kräfte, die sich in der Vergangenheit schon bei viel leichteren und kürzeren flexiblen Hängebrücken als verhängnisvoll erwiesen hatten, auch auf einen so großen Bau wie die Tacoma Narrows Bridge Einfluß haben könnten.
— Othmar Ammann in seinem Bericht an das Bauamt über den Zusammenbruch der Tacoma Narrows Bridge, 1941

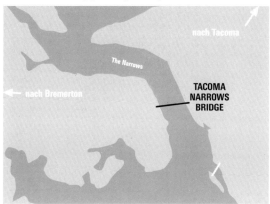

Tacoma Narrows Bridge, Tacoma, Washington

Burt Farquharson, Professor für Bautechnik an der Universität von Washington, konnte den „Todeskampf" der Brücke mit diesen dramatischen Fotos festhalten. Auf unserer Abbildung beginnt das Deck heftig von einer Seite zur anderen zu schwingen.

Tonnen von sich windendem Stahl und Beton reißen sich aus den Verankerungen los und klatschen ins Wasser.

Tacoma Narrows Bridge

Am 7. November 1940 brach die Tacoma Narrows Bridge bei Winden mit einer Geschwindigkeit von beinahe 70 km/h, die über den Puget-Sund, 130 Kilometer südlich von Seattle, fegten, zusammen. Sie war nur vier Monate lang geöffnet gewesen. Obgleich der Einsturz der Brücke mit dramatischen Fotos und Filmen dokumentiert ist, sind sich die Experten über die Ursachen des Unglücks noch immer uneins.

Bei der Eröffnung wogte das Deck der Brücke so stark, daß Abenteuerlustige sie aufsuchten, um dort „Achterbahn" zu fahren. Andere mieden die Brücke, die im Volksmund inzwischen „Galoppierende Gertie" hieß, und nahmen Umwege in Kauf.

Leon Moisseiff (1872–1943), altgedienter Architekt und Berater bei nahezu jedem großen Hängebrückenbau in Amerika vor 1940, hatte die Tacoma Narrows Bridge mit einem Straßendeck entworfen, das mit zwölf Metern außerordentlich schmal war. Die enorme Länge des Mittelteils lag in der raschen Strömung und dem schlechten Flußbett der Narrows begründet, die Zwischenfundamente nicht zuließen. Von flachen Plattenträgern getragen (und nicht, wie damals üblich, durch tiefe Fachwerkträger), war die Brücke sowohl elegant als auch wirtschaftlich. Als in den 1930er Jahren Automobile die schwereren Bahnladungen ersetzten, erschien die Verwendung von Fachwerkträgern überflüssig. Später erkannte man, daß allein deren Gewicht die Wirkung aerodynamischer Kräfte auf das Bauwerk verringerten.

Moisseiffs ungeheures Ansehen, zusammen mit der jüngsten Fertigstellung von ähnlich schlanken Hängebrücken, blendete die Brückenbauer, die einen Mißerfolg aus aerodynamischen Gründen nur entfernt in Betracht zogen. Der einzige, der dem vorgelegten Entwurf ablehnend gegenüberstand, war T. L. Condron, ein Bauingenieur, der eine Verbreiterung des Decks empfahl. Sein Rat wurde allerdings nicht berücksichtigt.

Und so kam es zum schnellen Ende der Brücke: Der Wind verfing sich in den Plattenträgern, anstatt durchzuziehen, wie dies bei einem offenen Fachwerk der Fall gewesen wäre. Aus diesem Grund – und wegen ihrer übermäßigen Schlankheit – war die Brücke besonders „empfindlich". Ihre Schwingung steigerte sich so lange, bis einige Träger losgerissen wurden und das Deck auseinanderbrach. Glücklicherweise kam dabei kein Mensch ums Leben.

Das Bauamt richtete augenblicklich eine Kommission zur Untersuchung des Zusammenbruchs ein. Diese sprach Moisseiff frei mit der Begründung, daß der Entwurf der Brücke alle notwendigen Kriterien erfüllt hätte. Der Ton des Berichtes läßt darauf schließen, daß man die Bauunternehmen im ganzen verantwortlich machte, weil sie aufgrund ihres Eintretens für stromlinienförmige Brücken von übermäßiger Länge die aerodynamischen Kräfte außer acht gelassen hatten. Für das nächste Vierteljahrhundert sollten keine Hängebrücken mehr ohne einen Verstärkungsträger gebaut werden.

1992 wurden „Gerties" versunkene Reste ins Nationale Verzeichnis der historischen Orte aufgenommen, um sie vor Schrotthändlern zu schützen.

Überquert	den Tacoma Narrows	Entwurf/Bau	Leon Moisseiff	Fertigstellung	1940	Spannweite	854 Meter	Material	Stahl, Beton	Typ	Hängebrücke
				Zusammenbruch	1940						

Wir überquerten den Rhein auf einer festen Brücke; die traditionelle Verteidigungsbarriere in das Herz Deutschlands war durchbrochen. Die endgültige Niederlage des Feindes . . . war plötzlich da, gleich um die Ecke.
— General Dwight D. Eisenhower, Crusade in Europe, 1948

28 alliierte Soldaten, die die Brücke reparieren wollten, starben beim Einsturz.

Ludendorff-Brücke, Remagen, Deutschland

Ludendorff-Brücke

Klaffende Löcher im Brückendeck mußten geschlossen werden, um den Übergang alliierter Truppen und Panzer zu ermöglichen.

Die deutsche Ludendorff-Brücke gibt es zwar nicht mehr, sie lebt jedoch weiter als Erinnerung an die deutsche Niederlage im Zweiten Weltkrieg.

Im Ersten Weltkrieg erbaut, war die Brücke eine von vielen, die über den Rhein geschlagen wurden, um den Transport deutscher Truppenverbände und von Kriegsmaterial von Ost nach West zu gewährleisten. Einer der Hauptbefürworter der Rheinbrücken war General Erich Ludendorff, damals deutscher Oberbefehlshaber.

Die Firma Grün & Bilfinger entwarf die doppelspurige Bahnbrücke als Stahlbogen mit durchgehendem Fachwerk an den Seiten. Zwei festungsartige Steintürme mit Geschützöffnungen und Lagerräumen für militärische Vorräte und Personal waren an den Enden errichtet worden. Nachdem die Züge über die Brücke gefahren waren, passierten sie einen 366 Meter langen Schienentunnel, den man durch die Erpeler Ley, einem 183 Meter hohen Basaltfelsen gegenüber von Remagen, getrieben hatte.

Mit dem Ausbruch des Zweiten Weltkrieges wurde die Brücke von Remagen eine strategisch wichtige Militärverbindung zwischen Deutschland und den Fronten, über die die Militärtransporte nach Westen flossen. Zusammen mit der offensiven Nutzung der Brücke gab es auch einen Plan zu ihrer Verteidigung, nach dem die Brücke eher abzureißen, als sie in Feindeshand fallen zu lassen war. Deshalb versah man sie bereits 1938 mit Sprengkammern. Die „Unfehlbarkeit" des Notfallplanes für die Brücke wurde – vor allem wegen der durchgeführten Tests der elektronischen Zündvorrichtung – als gegeben erachtet.

Daß die Brücke gesprengt werden sollte, sahen die alliierten Streitkräfte voraus. Deshalb begannen ihre Verbände im September 1944 mit einem massiven Bombardement der Rheinbrücken, um Deutschlands Verbindungswege zu unterbrechen.

Als am 7. März 1945 die alliierten Streitkräfte näherrückten, gaben die deutschen Befehlshaber die Sprengorder aus. Doch das Zündsystem funktionierte nicht. Wutentbrannt rannte ein Freiwilliger auf die Brücke und steckte die Zündschnur in Brand. Anstatt die Brücke zu zerstören, hob die nur teilweise gelungene Explosion sie lediglich von ihren Fundamenten und setzte sie dann wieder darauf ab. So konnte die 9. Panzerdivision, die erste alliierte Truppe am Schauplatz, hinübergelangen und die Drähte durchschneiden, die zu weiteren Sprengladungen führten. Die deutschen Offiziere, die man für den Verlust der Brücke verantwortlich machte, wurden vor ein Kriegsgericht gestellt und hingerichtet.

Mit der Einnahme der Ludendorff-Brücke wurde das Ende des Krieges stark beschleunigt. Alliierte Verbände drangen mit unvorhergesehener Geschwindigkeit in Deutschland ein. In den ersten Tagen stießen 25 000 Mann über den Rhein bei Remagen vor und richteten den ersten Brückenkopf im deutschen Kernland ein.

Zehn Tage lang wurde die Brücke von Remagen offengehalten, nachdem sie auf wundersame Weise Versuchen von beiden Seiten standgehalten hatte, sie in die Luft zu sprengen. Trotz Reparaturen rund um die Uhr forderten die deutschen Sprengladungen und ständiger alliierter Beschuß schließlich ihren Tribut. Am 17. Mai 1945 brach die Brücke zusammen.

Verängstigte Stadtbewohner, Soldaten und Offiziere kauern im Erpeler-Ley-Bahntunnel, von wo aus der Befehl zur Sprengung gegeben wurde.

Überquerte	Entwurf/Bau	Fertigstellung	Länge	Material	Typ
den Rhein	Grün & Bilfinger	1918 / Zerstört 1945	326 Meter	Stahl	Bogenbrücke

David Barnard Steinman (1886–1960) wuchs in einem Armenviertel unter der Brooklyn-Brücke auf. Als Assistent von Gustav Lindenthal arbeitete er an der Hell Gate Bridge in New York mit (1916; s. S. 64 f.). Mit seinem Partner Holton D. Robinson erstellte er seine erste große Brücke, die Florianópolis-Brücke in Brasilien (1926). Diesem Projekt folgten Entwürfe für mehr als 400 Brücken, darunter die Carquinez-Strait-Brücke in Kalifornien (1927), die Mount Hope Bridge auf Rhode Island (1929), die St. Johns Bridge in Oregon (1931), die Henry Hudson Bridge in New York (1936) und die Mackinac Bridge. Der streitlustige Steinman galt nicht nur als unermüdliches Organisationstalent, sondern auch als Wissenschaftler und überaus produktiver Autor, dessen umfassende Studien über aerodynamische Stabilität die Möglichkeiten für die Erstellung besonders langer Hängebrücken lieferten.

Die Mackinac Bridge ist die Krönung meines Werkes – die Erfüllung

— David B. Steinman, Miracle Bridge at Mackinac, 1957

Mackinac Bridge, St. Ignace-Mackinaw City, Michigan

Mackinac Bridge

meines Lebens, das ich dem Brückenbau gewidmet habe.

Der Ausbruch des Zweiten Weltkrieges beschnitt in den 40er Jahren die großen Brückenbauvorhaben. Darüber hinaus hatte der Zusammenbruch der Tacoma Narrows Bridge (s. S. 84 f.) eine ernüchternde Wirkung auf die folgenden Brückenentwürfe, deren sichtbarste Neuerung die Einbringung von Aussteifungsfachwerk war. David B. Steinmans Forschungen auf dem Gebiet der aerodynamischen Stabilität beeinflußten in starkem Maße das Vertrauen, das die Öffentlichkeit in die Lebensfähigkeit großer Hängebrücken setzte. Nach Ende des Krieges wurde der Brückenbau auf beiden Seiten des Atlantik erneuert. So ersetzte man allein in Deutschland 1500 völlig zerstörte Brücken.

Schon vor 1888, als Cornelius Vanderbilt auf der Mackinac-Insel ausrief, „Was wir brauchen, ist eine Brücke über die Meerenge", gab es eine äußerst kontroverse Diskussion über den geplanten Übergang über die acht Kilometer breite Meerenge. Erst im Jahr 1951, als sich Berichte über darunter liegende Salzhöhlen als falsch herausstellten und nach dem Koreakrieg endlich wieder Stahl zu bekommen war, wurden drei beratende Architekten, die die Pläne für die Brücke erstellen sollten, gewählt: David Steinman, Othmar Ammann und Glenn Woodruff.

In den 1950er Jahren sind alle großen Hängebrücken in den Vereinigten Staaten von zwei Männern konstruiert worden: Othmar Ammann und David Steinman. Steinman hatte zwar sehr viele Brücken gebaut, aber von Ammann stammten die längsten Hängebrücken der Welt. Das Mackinac-Projekt bot Steinman die Gelegenheit, eine Brücke zu bauen, die länger als jede andere sein sollte. 1953 stimmte er einer Übernahme des Auftrags zu; Ammann hingegen trat zurück. Zur Finanzierung der Brücke wurden Pfandbriefe im Wert von 100 Millionen Dollar ausgegeben.

Der Boden am Mighty Mac wurde 1954 durchbrochen. Die zwei Stahltürme der Brücke erhoben sich 168 Meter über der Meerenge auf Pfeilern, die sich bis auf 64 Meter unter den Wasserspiegel hinabziehen. Die Mackinac Bridge zeichnet sich wie viele von Steinmans Brücken durch ihre Farbgebung aus: Die Türme strich man elfenbeinfarben, Brückendeck und Trossen grün. Die Brücke ist mit Aussteifungsfachwerk von 12 Metern verstärkt; große Abstände dazwischen lassen das Deck an einem windigen Tag bis zu sechs Meter ausschwingen. Sie besitzt eine aerodynamische Stabilität, wie sie bis dato bei einer Brücke noch nicht erreicht worden ist. Mit einer Anker-zu-Ankerlänge von 2625 Metern und einer vollen Länge von fast acht Kilometern war sie für viele Jahre die längste Hängebrücke der Welt.

Ein Blick auf den von den Türmen herabhängenden Laufsteg vor dem Beginn der Trossen gibt eine Vorstellung von den gewaltigen Ausmaßen der Brücke.

Überquert	Entwurf/Bau	Fertigstellung	Spannweite	Material	Typ
die Meerenge von Mackinac	David B. Steinman	1957 — Längste Hängebrücke von 1957–98	1159 Meter	Stahl, Beton	Hängebrücke

Es ist dies ein Werk von übergreifender wirtschaftlicher Bedeutung.
— Der venezolanische Präsident Rómulo Betancourt bei der Einweihung der Maracaibo-Seebrücke am 24. August 1962

Maracaibo-Seebrücke, Maracaibo, Venezuela

Der Supertanker „Esso Maracaibo" (hier bei einer Unterquerung der Brücke 1961) rammte die Brücke im April 1964, wobei ein 457 Meter großes Stück losriß und vier Menschen ums Leben kamen.

Maracaibo-Seebrücke

Als er die malerischen Pfahlhäuser am Maracaibo-See sah, wurde der Kolonialherr Alonso de Ojeda an Venedig erinnert und nannte das Land dementsprechend Venezuela. Das war im Mittelalter. Heute stehen Tausende von Ölplattformen im See, wie schon seit 1914, als man dort auf Öl gestoßen war. Diese Entdeckung veränderte Venezuelas Wirtschaft – heute ist das Land einer der größten Ölförderstaaten der OPEC – und führte in den 1950er Jahren zu öffentlichen Bauvorhaben in großem Maßstab, um die Infrastruktur des Landes zu verbessern.

Dazu gehört die 1962 fertiggestellte Brücke, die auch den Namen Puente General Rafael Urdaneta führt (eines Freiheitskämpfers aus Maracaibo). Die beeindruckende Brücke, die als eine der bedeutendsten baulichen Errungenschaften des 20. Jahrhunderts angesehen wird, erstreckt sich über nahezu 9 Kilometer über den nördlichen schmalen Hals des Maracaibo-Sees und bildet so die erste direkte Oberflächenverbindung zwischen Maracaibo und dem restlichen Venezuela.

Elf der zwölf Vorschläge, die auf Ersuchen der venezolanischen Regierung als internationale Angebote für eine Brücke über den See eingesandt wurden, waren Entwürfe in Stahl. Die Ausnahme bildete die Schrägseilkonstruktion in Spannbeton des italienischen Architekten und Lehrers Riccardo Morandi (1902–1989). Mit seinen Kollegen Pier Luigi Nervi, Robert Maillart und Félix Candela wandelte Morandi Spannbeton von einem reinen Baumaterial zu einem Instrument für architektonische Ausdrucksweisen um. Das starke, geradlinige Profil, das Morandi am Maracaibo-See entwickelte, sollte sich als sein Markenzeichen erweisen, das er bei seinen zukünftigen Brücken, besonders in Italien und Libyen, abwandelte.

Morandis Entwurf wurde aus wirtschaftlichen und politischen Gründen sowie aufgrund ästhetischer Erwägungen gewählt. Billiger als Stahl, benötigt Beton auch weniger Wartung in der tropischen, rostfördernden Umgebung. Zusätzlich konnten die venezolanischen Arbeiter von der Erfahrung mit Spannbeton profitieren, ein Plus für ein Land, das nach der Beseitigung seiner Militärdiktatur im Jahre 1958 einen raschen wirtschaftlichen Aufschwung nahm.

Die Brücke besteht aus ingesamt 135 Teilen, die sich langsam zu einem östlichen Viadukt hin erheben, um auf fünf von Trossen gehaltene Spannen zu stoßen und von da zum Westufer wieder hinabzuführen. Die A-förmigen Betonpfeiler der fünf zentralen Navigationsspannen sind 92 Meter hoch. Jede Zentralspanne ist 235 Meter lang und bietet Schiffen und Tankern darunter Raum von 46 Metern. Zur Kostenreduzierung nahm man, wo immer es möglich war, standardisierte Bauteile.

Der Beton für den zentralen Unterbau wurde in einem schwimmenden Mischer gefertigt, die Brücke hinaufbefördert und in die Formen gegossen.

Bei den frühen Schrägseilbrücken-Entwürfen verwendete man eine kleine Menge massiver Spanntrosse zum Tragen der Straße, was große Verankerungen und tiefe Decks nötig machte. Die originalen, bei der Maracaibo verwendeten Trossen bestehen (wie die meisten der frühen Schrägseilbrücken) aus verzinkten Strängen. Ihre Vorzüge bestehen in einer leichten Verarbeitung und relativ niedrigen Kosten. Im feuchten Tropenklima des Maracaibo-Sees korrodierten die Trossen jedoch und wurden 1980 nach 18 Jahren Gebrauch ersetzt; nun ist eine zweite Erneuerung nötig.

Je näher man dem Mittelteil der Brücke kommt, desto höher und breiter werden die Seitenstücke und die Pfeiler verändern ihre V-Form zur hier abgebildeten Form eines „zusammengedrückten" H.

Überquert	Entwurf/Bau	Fertigstellung	Länge	Material	Typ
den Maracaibo-See	Riccardo Morandi	1962	ca. 9 Kilometer	Spannbeton, Stahl	Kabelbrücke

Die Filmemacher zehren schon seit langem von der chamäleonartigen Fähigkeit einer Brücke, Ängste, nostalgische Gefühle oder Romanzen hervorzurufen.

Kriegsfilme mit Brücken sind ein Genre für sich, wobei die betreffende Brücke oft eine Hauptrolle spielt. Zu den besten gehören: *Die Brücke von Arnheim*, eine Inszenierung des 1944 erfolgten Angriffs der Alliierten auf eine strategisch bedeutende Brücke in Arnheim (Niederlande); David Leans Epos *Die Brücke am Kwai*, in der ein britischer Kriegsgefangener vom Bau einer perfekten Bahnbrücke besessen ist, auch wenn sie der Feind für Munitionstransporte nutzt; *Wem die Stunde schlägt*, ein Film, der das risikoreiche Unternehmen der Sprengung einer Brücke thematisiert; *Die Brücken von Toko Ri*, ein sehenswerter Streifen über die widerstreitenden Gefühle eines Jagdfliegers im Koreakrieg, und, nicht zu vergessen, *Die Brücke von Remagen*, eine Geschichte aus dem Zweiten Weltkrieg über eine kriegsmüde amerikanische Einheit, der die Einnahme der letzten noch stehenden Rheinbrücke befohlen wird, bevor sie von den deutschen Verteidigern gesprengt werden kann.

Auch Liebesgeschichten spielen auf Brücken. In diesem Genre wird die Brücke als Symbol für den Lauf der Zeit und als Metapher für Verlangen verwendet. Besonders erwähnenswert sind hier die Filme *Ihr erster Mann* und *Die Brücken am Fluß*. Um Moral und andere Dinge des Herzens geht es in *Die Brücke von San Luis Rey*, ein Film, der das Leben von fünf Menschen zum Thema hat, die bei einem Brückeneinsturz im 18. Jahrhundert in Peru getötet werden.

Als Übergangsvorrichtung sind Brücken ideal. In *Ist das Leben nicht schön?* spielt James Stewart den Ingenieur George Bailey, den vielgeliebten, doch stets depressiven Bürger von Bedford Falls, der gerade dabei ist, am Heiligen Abend von einer Brücke zu springen – aber sein Schutzengel Clarence hindert ihn daran. Ein Sprung von der Brücke erfolgt dann tatsächlich in einem weiteren beachtenswerten Film: In seiner Titelrolle in *Tarzan in New York* entkommt Johnny Weismüller durch einen riskanten Kopfsprung von der Brooklyn Bridge.

Brücken im Film

Die Brücke von San Luis Rey, 1944 **Heut gehn wir bummeln, 1949**

Spannende Augenblicke auf Brücken lassen sich auch erfahren in *The Wild Bunch*, *Sie kannten kein Gesetz* und in *Terminator 2*.

Eine offensichtlich fragile Brücke kann Gelächter auslösen, eine sehr stabile kann Versuche, sie zu zerstören, lächerlich erscheinen lassen. „Komische" Brücken lassen sich in folgenden Filmen bewundern: In *Swiss Miss* sitzen Stan Laurel und Oliver Hardy auf einer wackeligen Seilbrücke hoch über einer Alpenschlucht fest, während ihnen ein Gorilla entgegenkommt. Und in *It Came From Beneath the Sea* macht sich ein riesiger Tintenfisch daran, die Golden Gate Bridge einzureißen.

Wahrzeichen wie die Golden Gate und die Brooklyn Bridge werden derart stark mit ihren Städten identifiziert, daß sie von Regisseuren schon routinemäßig als „Kürzel" zur Bestimmung eines Filmschauplatzes (wie etwa New York oder San Francisco) verwendet werden. Das gleiche gilt für die Brücken von Paris, Pittsburgh und St. Petersburg.

Die Brücke am Kwai, 1957

Die Brücke von Arnheim, 1977

Die Brücken am Fluß, 1995

Es folgt eine Liste von Filmen, in denen Brücken eine besondere Rolle spielen:

Die Liebenden von Pont Neuf (1991)	The Brooklyn Bridge (1981)	Gorgo (1955)	Occurence at Owl Creek Bridge (1962)	A Taste of Sin (1983)
Bataan (1943)	De Brug (1928)	Ist das Leben nicht schön? (1946)	Ode to Billy Joe (1976)	Terminator 2 (1991)
Die Brücke über die Neretva (1969)	Die Brücke (1959)	Keeper of the Flame (1942)	Ognennyi most (1976)	39 Stufen (1935)
The Boy and the Bridge (1959)	Dincolo de Pod (1975)	Kogda razvodyat mosty (1962)	Heut gehn wir bummeln (1949)	Under the Bridge (1995)
Die Brücke von Remagen (1969)	Cassandra Crossing (1976)	Last Platoon (1988)	Opening the Williamsburg Bridge (1904)	Vertigo (1958)
Die Brücke am Kwai (1957)	Wem die Stunde schlägt (1943)	Die letzte Brücke (1954)	Sonnenstrahl (1933)	Vier Nächte eines Träumers (1971)
Die Brücke von San Luis Rey (1929,1944)	Der Wilde Haufen von Navarone (1978)	Der Mann, der König sein wollte (1975)	Sorcerer (1977)	Volunteers (1985)
Die Brücke von Arnheim (1977)	The Forth Road Bridge (1965)	Man's Hope (1945)	Storstromsbroen (1950)	Ihr erster Mann (1931, 1940)
Die Brücken von Toko-Ri (1954)	The Ghost in the Darkness (1996)	Der Kommandant (1960)	Stroitsya most (1965)	The Wild Bunch (1969)
Die Brücken am Fluß (1995)	Aufstand in Sidi Hakim (1939)	Die nackte Stadt (1948)	Swiss Miss (1938)	Zerwany most (1962)
	Wenn Lucy springt (1996)	Nihonbashi (1956)	Tarzan in New York (1942)	

Vom ästhetischen Standpunkt aus kann man (die Sunshine Skyway Bridge) ohne weiteres als eindrucksvollsten Beweis für den großräumigen Brückenbau dieses Landes in einem halben Jahrhundert ansehen.
— Paul Goldberger, The New York Times, 16. Oktober 1988

Die Tragseile laufen in Stahlrohren von 23 cm Durchmesser. Dieses Foto zeigt die Fahrradvorrichtungen, mit denen die Seile gestützt und an ihren Platz befördert wurden. Sie wurden in leuchtendem Taxigelb angestrichen, um den visuellen Eindruck der Brücke zu steigern und darüber hinaus ihren Standort im „Sonnenstaat" hervorzuheben.

Sunshine Skyway Bridge, Florida

Sunshine Skyway Bridge

Aus der Ferne sieht die Sunshine Skyway Bridge aus wie ein futuristischer Schoner. Manchmal wird sie auch mit den Saiten einer Harfe oder einem Fächer verglichen, an den letzteren erinnert die dreieckige Fläche aus Streben, die die schlanke Sunshine Skyway Bridge tragen, erinnert. Wie auch immer man diese Brücke beschreibt: Sie stellt einen Triumph der technischen Planung des späten 20. Jahrhunderts dar. Obgleich die Methode, die Meere zu überspannen, nicht neu ist (Kabelbrücken konnten sich in Deutschland bereits nach dem Zweiten Weltkrieg durchsetzen), stellt die Sunshine Skyway Bridge doch etwas ganz Besonderes dar, da hier technisches Wissen mit einem eindrucksvollen Äußeren in Einklang steht.

1987 fertiggestellt, ist die 366 Meter lange Hauptspannweite der Brücke der Welt längstes von Kabeln gehaltenes Betonteil. Die Brücke ist insgesamt 6668 Meter lang und überquert vier Kilometer der Tampabucht. Auf beiden Seiten der Trossen verläuft je eine zwölf Meter breite Fahrbahn, die ungehinderte Blicke auf das Wasser gewährt. Die Straßen für den hohen Brückenteil bestehen aus 29 Meter breiten vorgefertigten Betonteilen, die mittels hochfester Stahltrossen über die gesamte Brückenlänge verbunden sind. Dieser vorgefertigte Unterbau weist neben seiner Wirtschaftlichkeit eine baubedingte Linienführung auf, die zum anmutigen Erscheinungsbild der Brücke beiträgt. Die 21 Stahltrossen, die die Straße tragen, sind von zwei schlanken Zentralpfeilern her nach außen gefächert, die 74 Meter hoch über dem Deck schweben. Die Trossen sind mit jedem anderen Teil des Decks verbunden, jede Trosse trägt zwei Segmente auf jeder Seite des Pfeilers.

Die preisgekrönte Sunshine Skyway Bridge konnte die Brauchbarkeit und Wirtschaftlichkeit langer Kabelbrücken auf eindrucksvolle Art unter Beweis stellen. Indem sie die Ortschaften St. Petersburg und Clearwater im Norden mit Bradenton und Sarasota im Süden verbindet, hat die Brücke das Gebiet um Tampa nicht nur geeint, sondern auch für ein neues wirtschaftliches Wachstum gesorgt.

Zwei Stahlseilbrücken, 1954 und 1971 erstellt, überquerten ursprünglich die Tampa-Bucht. Die neuere wurde am 9. Mai 1980 beschädigt, als der Frachter Summit Venture, hier mit Trümmern der Brücke, während eines heftigen Gewitters dagegenfuhr, einen 396 Meter langen Teil herausschlug und 35 Menschen tötete. Um vom Weg abgekommene Schiffe von den hochaufragenden Stützen abzulenken, schützen nun Betoninseln oder „Delphine" die sechs, den Hauptschiffahrtsweg umgebenden Pfeiler. Sie können dem Aufprall eines 78 925-Tonnen-Schiffes standhalten.

Tampa, ein geschäftiger Hafen und Standort mehrerer großer Werften, benötigte eine Brücke von gewaltiger Höhe, um einen ungestörten Schiffsverkehr zu gewährleisten. Die Brückenstraße schwebt 58 Meter über dem Wasser.

Überquert	Entwurf/Bau	Fertigstellung	Spannweite	Material	Typ
die Tampabucht	Figg Engineering Group	**1987** Längste Beton-Kabelbrücke der Welt	**366 Meter**	Beton, Stahl	Schrägseilbrücke

Die wohl beeindruckendsten aller Bauten auf der Kojima-Sakaide-Route (sind) die Hitsuishijima- und Iwakurojima-Zwillingsbrücken... Nur in Japan kann es Türme von solcher Form geben, die in ihrer Protzigkeit auffallen, vielleicht als Imitation der Helme, die die japanischen Krieger des Mittelalters trugen.
— David J. Brown, Bridges, 1993

Die Hitsuishijima- und Iwakurojima-Brücken sind die einzigen Zwillings-Schrägseilbrücken der Welt.

Das ehrgeizigste Unternehmen in der Geschichte des Verkehrsbaus begann 1970 mit der Gründung des Honshu-Shikoku-Brückenbauamtes (HSBA), einem japanischen Ministerium, das mit der Verbindung von Honshu und Shikoku beauftragt wurde. Im Jahr 2000 werden insgesamt 18 Straßen- und Schienenbrücken das Seto Nakai oder Binnenmeer über eine von drei Routen verbinden: die östliche Kobe-Naruto-Straße, die bereits 1998 die längste Hängebrücke der Welt miteinbeziehen wird (s. S. 114 f.); die westliche Onomichi-Imabari-Route, auf der sich ein Jahr später die längste Schrägseilbrücke der Welt befinden soll (s. S. 116 f.); und der mittlere Kojima-Sakaide-Weg, Standort der Hitsuishijima- und Iwakurojima-Brücken, der das erste Schrägseil-Tandem der Welt bilden wird.

Japans Binnenmeer, Haupttransportweg ebenso wie Nationalpark, ist in einem Erdbeben- und Taifungebiet gelegen. Diese Umweltfaktoren bestimmten hauptsächlich die Größe der Honshu-Shikoku-Brücken, die Baumethoden sowie die Farben. Daneben beschleunigen sie auch die Entwicklung mehrerer entscheidender Technologien, die die Grenzen des großräumigen Brückenbaus erweitert haben. Dazu gehört die Entwicklung erdbeben- und windsicherer Bautechniken, ein Schienenverbundsystem für Hochgeschwindigkeitszüge auf Hängebrücken und leichter, hochfester Baustahl und Seildraht.

Die Kojima-Sakaide-Route, die man meist als Seto-Ohashi-Straße bezeichnet, war 1988 die erste von drei Routen, die fertiggestellt wurde. Ein starkes, 13 Meter tiefes Hängewerk trägt Fahrzeuge auf dem Oberdeck und Züge auf dem unteren Deck über eine Reihe von Brücken und Viadukten hinweg, die fünf kleine Inseln zwischen Kojima und Sakaide verbinden. Die 12,2 Kilometer lange Straße besteht aus drei Hänge- und zwei Schrägseilbrücken, drei Viadukten und einer Fachwerkbrücke aus Stahl. Von Süd nach Nord sind das: die Shimotsui-Seto, eine 940 Meter lange Hängebrücke; der geschwungene Hitsuishijima, mit seinen 1317 Metern der längste Straßenviadukt; sowie die beiden bereits erwähnten identischen Schrägseilbrücken; die Yoshima-Brücke, ein durchgehender Fachwerkviadukt mit einem Hauptteil von 245 Metern; der Yoshima-Viadukt; die Kita-Bisan-Seto- und Minami-Bisan-Seto-Brücken, zwei nahezu identische Hängebrücken mit Spannen von 990 respektive 1100 Metern; und der Bannosu-Viadukt. Die Hängebrücken sind die ersten Brücken dieser Art für den Bahnverkehr seit John Roeblings Niagara-Brücke (1855).

Die ungewöhnlichsten Brücken sind die fast identischen Hitsuishijima- und Iwakurojima-Schrägseilbrücken, die jeweils eine Hauptspanne von 420 und Seitenspannen von 185 Metern haben. Obgleich es sich bei ihnen um größere Kabelbrücken handelt, ist das Duo auch aufgrund der noch niemals zuvor dagewesenen tiefverstrebten Doppeldecks etwas Einzigartiges. Seit über 1200 Jahren unternehmen Anhänger des buddhistischen Propheten Kukai Pilgerfahrten zu den 88 heiligen Tempeln von Shikoku. Nun, da sich die letzte der Honshu-Shikoku-Brückenverbindungen der Vollendung nähert, werden zweifelsohne auch die Verehrer der Langbrücken-Technologie Shikokus weltliche Wunder aufsuchen.

Hitsuishijima & Iwakurojima-Brücken

Ein Luftbild der Kojima-Sakaide-Route zeigt (von vorn nach hinten) die Kita-Bisan-Seto-Brücke, den Yoshima-Viadukt, die Hitsuishijima- und Iwakurojima-Brücken, den Hitsuishijima-Viadukt und die Shimotsui-Seto-Brücke.

Überqueren	Entwurf/Bau	Fertigstellung	Spannweite	Material	Typ
Seto Nakai (Binnenmeer)	Honshu-Shikoku Bridge Authority	1988	420 Meter	Stahl, Beton	Schrägseilbrücken

Die höchste Lebenskunst ist eine Krönung, die man nicht durch eine einzige Beschäftigung und auch nicht durch eine Wissenschaft erreicht; es ist dies der Ertrag aller Beschäftigungen und aller Wissenschaften — und auch noch vieler anderer Dinge.
— José Ortega y Gasset, Man the Technician, in: Toward a Philosophy of History, 1941

Lusitania-Brücke, Mérida, Spanien

Obwohl Calatravas Werk strukturell einwandfrei ist, bietet es doch gleichzeitig das Erscheinungsbild von Flucht oder Zusammenbruch. Dieses Merkmal zeigt sich deutlich am dynamischen Schwung seiner Alamilla-Brücke (1992), die neben dem Platz der Expo 92 in Sevilla, Spanien, errichtet wurde.

Lusitania-Brücke

Jetzt, da sich das 20. Jahrhundert seinem Ende nähert, ist der 1951 in Spanien geborene und in Zürich ansässige Santiago Calatrava als einer der einfallsreichsten und umstrittensten der heutigen Brückenbauer in Erscheinung getreten. Als Künstler, Architekt und Baumeister ausgebildet, hat Calatrava in kurzer Zeit und unter Nichtbeachtung der „geheiligten Grenzen" zwischen der zeitgenössischen Architektur und dem Ingenieurwesen Bauten geschaffen, die einen breiten und lebendigen Streifen durch die bebaute Umgebung gezogen haben. Die Palette von Calatravas Bauten reicht von Bahnhöfen über Bibliotheken bis hin zu Warenhäusern und Brücken.

Die Lusitania-Brücke verbindet die Altstadt von Mérida, Spanien, mit dem neubebauten Areal Poligono am Nordufer des Guadiana. Der Übergang besteht aus drei Teilen: einem Stahlbogen, der sich zwischen überwölbten Beton-Widerlagern spannt, und zwei Beton-Hohlkasten-Seitenteilen, die von einer Reihe doppelter Betonträger getragen werden. Mit ihren 457 Metern Länge und einer Bogenspannweite von 189 Metern ist die Lusitania eine kleine Brücke und paßt perfekt zum Ausmaß der Ortschaft, die sie nun ziert. Calatravas „Feier" der menschlichen Sichtweise zeigt sich u. a. in dem zentralen Fußweg der Brücke, der, über den Fahrbahnen gelegen, einen ungeänderten Blick auf den Fluß bietet.

Alles, was möglich ist, ist auch erlaubt.
— Santiago Calatrava, Lotus, 1992

Die runden Pfeiler der Lusitania wurden aufgrund ihres massiven Erscheinungsbildes gerügt. Doch vielleicht stellen sie eine Würdigung an La Alcazaba dar, der 2000 Jahre alten römischen Brücke, die von der neuen Lusitania-Brücke ersetzt werden sollte. Wie der bekannte Architekturhistoriker Kenneth Frampton ausführt, schenkt Calatrava der Umgebung seiner Arbeit besondere Aufmerksamkeit und berücksichtigt auch die Teile der Brücke, die üblicherweise unsichtbar sind – ihr Erscheinungsbild von unten ebenso wie ihr Spiegelbild im Wasser –, um die Plastizität und Bewegung des Baus zu betonen. Bewegung, die hinzugefügte Dimension bei jedem Calatrava-Projekt, ist entscheidend für seine Auffassung von Strukturen, die er gerne mit „lebendigen Dingen" vergleicht, wie etwa dem „Meer mit seinen sich auf- und abbewegenden Wellen oder . . . eine(r) Blume, deren Blütenblätter sich am Morgen öffnen".

Was Calatravas Kritiker am meisten zu ärgern scheint, ist sein mutiges Bestehen auf einer Vereinigung der Rollen von Architekt und Bauingenieur, der zwei Berufszweige, die früher einmal einen einzigen bildeten. Ingenieure spezialisieren sich zunehmend; die meisten von ihnen absolvieren nur noch eine ausschließlich technische Ausbildung, weshalb ihre Erfahrungen im Zeichnen von Plänen nur begrenzt sind – ein Zustand, der auch noch durch zahlreiche Auftraggeber verschlimmert wird, die nur an der billigsten und sichersten Lösung interessiert sind.

Die Trinity Bridge in Salford/Manchester, Großbritannien, (1995) weist typische Merkmale von Calatravas Brücken auf: eine einzigartige Kombination von Baumaterialien, Miteinbeziehung der Umgebung, Wissen um den Übergang als regionales Wahrzeichen und schließlich der Umgang mit dem Licht, um die bauliche Dynamik der Brücke hervorzuheben.

Überquert **den Guadiana**	Entwurf/Bau **Santiago Calatrava**	Fertigstellung **1991**	Spannweite **189 Meter**	Material **Stahl, Beton**	Typ **Bogen- und Hohlkastenbrücke**

Die Gegend verlangte nach einer Brücke von geschwungener und sanfter Form. Wir gaben unser Bestes, eine wegweisende Brücke aus vorgefertigtem Beton für den Natchez-Weg zu erstellen.
— Gene Figg, Präsident der Figg Engeneering Group, 1997

Natchez Trace Parkway Arches, Franklin, Tennessee

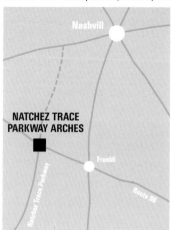

Natchez Trace Parkway Arches

Vom Pfad durch die Wildnis bis zum modernen Parkweg: So läßt sich die „Biographie" des Natchez-Steigs umreißen. Hernando de Soto, Andrew Jackson, Meriwether Lewis und Ulysses S. Grant sind nur einige, die den Natchez-Weg zwischen Tennessee und Mississippi entlangschritten. Der 720 Kilometer lange Weg, schon Jahrhunderte zuvor von den Natchez-, Choctaw- und Chickasaw-Stämmen durch die Waldgebiete gelegt, blieb bis zur Mitte des 18. Jahrhunderts eine bedeutende Route für Militär und Handel.

Zur Vervollständigung des Natchez Trace Parkway, einer Straße entlang der historischen Verkehrsader, wünschte sich die Nationalparkverwaltung eine einfache Bogenbrücke. Das Ergebnis, die Natchez Trace Parkway Arches, ist als wahre Pionierleistung zu bezeichnen.

Die Bögen, Decks und Pfeiler der Brücke wurden aus vorgefertigten Betonsegmenten erstellt; es war das erste Mal, daß die Flachbogen-Technologie mit Fertigteilen bei einer Bogenbrücke in den Vereinigten Staaten Verwendung fand. Von der Figg Engineering Group entworfen, wird die Brückenstraße von zwei Bögen über ein breites Tal getragen, das die Bundesstraße 96 nahe Franklin, Tennessee, kreuzt. Der erste Bogen ist symmetrisch angelegt mit einer Spannweite von 177 Metern und erhebt sich 44 Meter über der Straße; der zweite hingegen ist asymmetrisch, um sich an das Terrain anzupassen. Er hat eine Spannweite von 140 und eine Höhe von 31 Metern.

Die Bogenhälften wurden in Teilen aufeinander zugebaut und bis zu ihrer Vereinigung von Seilen gehalten.

Typisch für den Bau einer Bogenbrücke ist, daß ihr Oberbau aus einer Anzahl gleichmäßig eingelassener senkrechter Elemente besteht, die sein Gewicht auf dem Bogen verteilen. Um einen leichteren, offeneren und optisch ansprechenden Bau zu schaffen, entwarf man die Natchez Trace Parkway Arches ohne Spandrillen, was den Bogenkronen eine ungewohnte Last auferlegte. Zum Ausgleich wurde die Tiefe der Betonkästen von drei auf vier Meter erweitert, je näher sie der Bogenkrone kommen, und auf der Brückenmitte und in der Mitte der Felder wieder auf drei Meter verringert.

Bis heute haben die Natchez Trace Parkway Arches bereits elf Preise für ihre wegweisende Konstruktion erhalten. Hervorzuheben ist ebenfalls die Übereinkunft, die man schon frühzeitig zwischen der Nationalparkverwaltung, dem Straßenbauamt und dem Vertragsnehmer zum Zweck einer gemeinschaftlichen Übernahme des Projekts erlang hatte. Indem man ein offenes Diskussionsklima schuf, konnte sich diese Annäherung nur günstig auf die planmäßige Fertigstellung der Brücke ohne gesetzliche Hindernisse, Kostensteigerungen oder Unfälle auswirken.

Die Bögen bestehen aus hohlen, mit nachgespanntem Stahl verbundenen Betonteilen. Dieser Stahl wurde durch Löcher im Beton gezogen und am Ende jedes Teiles verankert und festgezurrt.

Der Natchez-Weg zieht sich durch Gebiete, die einst Teil eines hochentwickelten Handelsnetzes waren, das Hunderte von Eingeborenengemeinschaften miteinander verband. Viele dieser Kulturen errichteten Hügel für zeremonielle und/oder Bestattungszwecke. In ihnen fanden sich bei Grabungen exotische Schätze, wie dieses gravierte Schmuckstück aus einer Muschelschale aus Tennessee, das aus dem 14. Jahrhundert stammt.

Überquert	Entwurf/Bau	Fertigstellung	Spannweite	Material	Typ
die Tennessee-Bundesstraße 96	Figg Engineering Group	1994 Erste Flachbogenbrücke aus Baufertigteilen	177 Meter	Beton	Bogenbrücke

Nach 100 Jahren der Abgeschlossenheit fließen der neu freigelegte Woonasquatucket (rechts) und der Moshassuck in den Providence und von dort in die Narragansett-Bucht. Auf dieser Abbildung sind die vielen Brücken des Projekts sowie eine Hurrikan-Sperre im Hintergrund zu sehen.

Wir haben mehr als Flüsse bewegt. Wir haben Herz und Seele einer Stadt bewegt.
— Bürgermeister Vincent „Buddy" A. Cianci jr., 1997

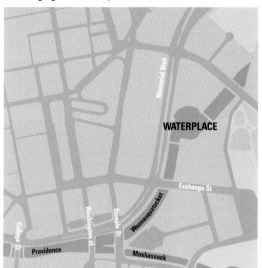

Flußverlegung in Providence, Rhode Island

Elf Feuer auf den Resten der Crawford-Straßenbrücke waren Teil eines „Wasserfeuers", eine Multimedia-Inszenierung von Barnaby Evans 1996, mit der die „Wiedergeburt" des Hafenviertels gefeiert wurde.

Flußverlegung, Providence

Im Jahre 1636 ließen sich Roger Williams und andere Männer, die religiöse Freiheit suchten, am Zusammenfluß zweier Süßwasserflüsse nieder, die in den Atlantik strömten. Williams, dem das Land von Canonicus, dem Häuptling der Narragansett-Indianer, überschrieben wurde, nannte den Ort „Providence" – „zum Gedenken an die Vorsehung Gottes".

Die günstige Lage von Providence sorgte für einen wirtschaftlichen Aufschwung: Ihre Flüsse waren wichtige Verkehrsadern für den Küstenhandel am Atlantik und stellten die Verbindung zu den Westindischen Inseln her. Weitere Bedeutung erhielt der Hafen während der Amerikanischen Revolution, als britische Truppen den Konkurrenzhafen von Newport schlossen. Er wuchs weiter bis in das frühe 20. Jahrhundert hinein, als Fabriken Schiffe zu Hunderten in den Hafen der Stadt brachten. Die Leute warfen Abfall jeglicher Art in die Flüsse, bis sie offene Kloaken waren. So kam rasch das Bedürfnis auf, die Flüsse ganz einfach zuzudecken.

1873 baute man die 183 Meter breite Crawford-Straßenbrücke über den Providence, um immer größeren Märkten, Pferdebahnen und dem Eisenbahnverkehr gerecht zu werden. Bis 1940 wurde sie ständig verbreitert und schaffte mit 350 Metern schließlich den Weg in das *Guinness-Buch der Rekorde*. In den 1970er Jahren waren die Flüsse endgültig „begraben" und die Unterstadt verfallen. Die meisten hatten vergessen, daß es dort überhaupt einmal Wasser gegeben hatte.

Ab 1978 wurde das Hafengebiet schrittweise über 20 Jahre hinweg freigelegt. Der erste Arbeitsabschnitt betraf die Wiederentdeckung eines Gewirrs von Schienen, die ein Hauptkennzeichen der Unterstadt gewesen waren, auf ihn folgte die Entfernung der ausgeweiteten Crawford-Brücke. Schließlich wurden bemerkenswerterweise die Flüsse selbst verlegt, um das 1940 erstellte Postamt zu umgehen. Mit diesem Schritt war das Ausheben neuer Flußbetten verbunden, um den Zusammenfluß des Moshassuck und des Woonasquatucket zu einer etwa 46 Meter entfernten Stelle zu verlegen.

Zuletzt wurden unter der Leitung des Projektarchitekten William D. Warner zwölf Fußgänger- und Fahrzeugbrücken errichtet. Mit Ziegeln, Granit und Strukturbeton verkleidet, sollten die Brücken den größten Schatz der Stadt widerspiegeln: die sie umgebende Architektur aus drei Jahrhunderten. Das ganze Unterstadtgebiet ist im Nationalen Verzeichnis Historischer Orte eingetragen; keine andere große Stadt kann sich einer solchen Auszeichnung rühmen.

Im Frühling 1997 begannen Gondeln, Kanus, Kajaks, Schwäne und Fische das Hafengebiet zu beleben. Drei neue Museen haben in der Stadt ihre Pforten geöffnet, und da Künstler in einem Viertel in der Unterstadt keine Einkommenssteuer zahlen müssen, werden weitere folgen.

Ein Luftbild von 1939 zeigt, wie die Flüsse buchstäblich „zugepflastert" wurden, was der Crawford-Straßenbrücke – ursprünglich acht Brücken hintereinander – den zweifelhaften Ruf der „breitesten Brücke der Welt" einbrachte.

Überquert	Architekt	Fertigstellung	Länge	Material	Typ
Moshassuck, Woonasquatucket und Providence	William D. Warner	1996	variiert	Beton, Stahl	Bogenbrücke

Durch Lücken im Stadtgefüge gleitet plötzlich die (Erasmus-Brücke) ins Blickfeld, der hakenförmige Pfeiler ragt graublau in den Himmel, und die ultradünne Brüstung schwingt zum festen Boden hin.
— Raymond Ryan, Objective: Rotterdam, Blueprint, 1996

Erasmus-Brücke, Rotterdam, Niederlande

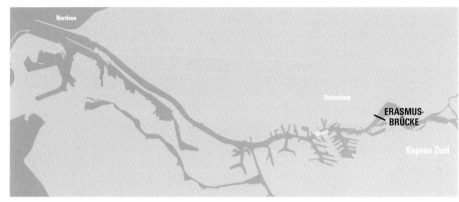

Der 142 Meter hohe, „am Knie abgewinkelte" Pylon, heute ein Orientierungspunkt in der Stadt, scheint die neuen Entwicklungen im Kop-van-Zuid-Areal anzuzeigen.

Erasmus-Brücke

Die Erasmus-Brücke, Ben van Berkels majestätisches Portal über der Maas, verbindet die beiden Hälften Rotterdams, die städtischen Ämter am Nordufer des Flusses und das ehrgeizige Neubauprojekt, bekannt als Kop van Zuid, auf dem südlichen Ufer. Der robuste, asymmetrische Bau der Erasmus-Brücke stellt quasi drei Brücken in einer dar. Die Kombination – eine Schrägseilbrücke mit einer Hauptspannweite von 280 Metern, ein Seitenöffnungs-Viadukt und eine bewegliche Brücke – verweist auf die Vielzahl städtebaulicher, technischer und gestalterischer Erwägungen, die in den Entwurf einflossen.

Rotterdam, das die Nazis als Ruinenwüste zurückgelassen hatten, wurde mit Unterstützung eines 1946 entwickelten Plans zur Rekonstruktion der Innenstadt wieder aufgebaut. Zeitgenössische Architektur, Hochhäuser, breite Boulevards und die Neuverwendung alter Hafenbecken und Kais sind Kennzeichen der heutigen Stadt. Seit ihrer Eröffnung im September 1996 „thront" die Erasmus-Brücke über der Stadt.

Der Entwurf der himmelfarbenen Brücke bot eine ganze Reihe von Herausforderungen. Als gewaltiges Puzzle aus einzigartigen Bauelementen enthält die Brücke tatsächlich keinen geraden Winkel. Es wäre unmöglich gewesen, die Brücke ohne die Hilfe moderner Computertechnologie zu entwerfen und zu bauen, wozu auch dreidimensionale, computergestützte Simulations- und Berechnungssysteme gehörten. Van Berkel, ein 1961 geborener und in Amsterdam ansässiger Architekt, entwarf die Brücke, ihre Beleuchtung und einen Teil der sie umgebenden Bauten.

Obgleich die meisten hafenbezogenen Aktivitäten sich nahe am Meer abspielen, gibt es immer noch eine ganze Reihe von Schiffswerften und -wartungsfirmen flußaufwärts von Rotterdam. Dieser Tatsache trug die Hafenbehörde Rechnung, als sie verlangte, daß die Erasmus-Brücke eine Durchfahrtsmöglichkeit für Schiffe haben müßte, was durch die bemerkenswerte einflügelige Schwingbrücke gewährleistet ist. Am augenfälligsten ist der schräge Winkel des Schiffahrtskanals von 67°; wenn es offen steht, neigt sich das parallelogrammförmige Brückendeck zur Seite und nicht gerade nach oben oder nach unten. In Abstimmung mit den Linien des öffentlichen Nahverkehrs braucht die Schwingbrücke gerade vier Minuten, um sich zu öffnen oder zu schließen.

Van Berkel wollte durch die Beleuchtung der Brücke ihren Symbolcharakter hervorheben. Tatsächlich wird man sich vor allem nachts, wenn die massive Brücke in einen ätherischen Schattenriß verwandelt ist und die gebündelten Kabel wie lange Strähnen aus Licht aussehen, am ehesten der Struktur der Brücke und der vitalen Verbindungsrolle bewußt, die sie am Tage innehat.

20 000 Leute überqueren pro Tag das 33 Meter breite Brückendeck, das doppelte Straßenbahnschienen für den öffentlichen Nahverkehr, zwei doppelspurige Straßen und Fahrrad- sowie Fußwege aufweist.

| Überquert | die Maas | Entwurf/Bau | Ben van Berkel | Fertigstellung | 1996 | Spannweite | 280 Meter | Material | Stahl, Beton | Typ | Schrägseilbrücke, Viadukt, Schwingbrücke |

Auf der Oskoy-Insel-Brücke, Bergen, Norwegen, 1994

Fatih-Sultan-Mehmet-Brücke, Istanbul, Türkei, 1992

Oberdeck der Verrazano Narrows Bridge, New York, 1991

Auf der Royal-Gorge-Brücke, Colorado, 1989

Mit dem Botschafter (in Weiß) auf dem Ponte 25 de Abril, Portugal, 1993

Mit Joan auf der Golden Gate Bridge, 1973

Donald Betty mag Brücken, besonders Hängebrücken und die Golden Gate Bridge, die er schon fünfmal überschritten hat. Auf einer Liste, die immer auf dem neuesten Stand ist, sind die Golden Gate zusammen mit der Verrazano Narrows Bridge von New York und der Humber-Flußbrücke in Hull (England) vereint. Die Liste, besser bekannt als Ausstellungsstück Nr. 1, zählt aber noch weitere 101 Brücken auf. Betty geht seiner „Sammelleidenschaft" ebenso gründlich nach wie das *Guinness-Buch der Rekorde*, in das Betty aufgenommen wurde, weil er über mehr Hängebrücken gegangen ist (einschließlich der 14 längsten) als jeder andere.

Der nun 69 Jahre alte Betty arbeitete früher für die Firma Bethlehem Steel. „Wenn man erst mal Stahl im Blut hat", sagt er, „bleibt er auch." Er promovierte in Maschinenbau. Brücken haben ihn schon immer fasziniert. „Ich bekam einen gewaltigen Respekt vor diesen Leuten, die diese Brücken bauten, und vor dem Mut, den es dazu brauchte."

Sein Hobby der Brückenüberquerung begann ganz zufällig im Jahre 1971, als er und seine Frau Joan, die beiden sind seit 45 Jahren miteinander verheiratet, Urlaub in Vancouver, British Columbia, machten. Auf dieser Reise ging Betty über seine erste Hängebrücke, die Capilano Canyon Bridge. Zwei Jahre später besuchte das Ehepaar San Francisco, und von da an gab es keine Umkehr mehr. „Ich habe mich in die Golden Gate Bridge verliebt. Sie war und ist mein absoluter Favorit", sagt er.

Warum gerade Hängebrücken? „Weil sie die größten und am schwierigsten zu bauenden Brücken sind", antwortet Betty und fügt hinzu, daß er trotz seiner Herkunft aus Lancaster, Pennsylvania, einem Ort, der berühmt für seine überdachten Brücken ist, noch nie über eine solche gelaufen ist. Er nimmt immer Lancaster-Brezen auf seine Brückengänge mit, die er dann an die verteilt, deren Bekanntschaft er dort geschlossen hat.

Manchmal braucht es allerdings mehr als Brezen, um die Hindernisse zu überwinden. „Zur Überquerung der meisten Brücken braucht man eine Erlaubnis, und es kann Monate dauern, bis man endlich die Zustimmung bekommt." Um die Verrazano Narrows Bridge überschreiten zu können, wartete Betty bis zum Tag des New Yorker Stadtmarathons. Dann konnte er vor den Läufern mit den Teilnehmern im Rollstuhl hinüber. Als Betty

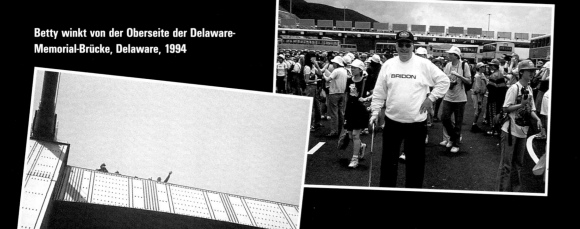

Betty winkt von der Oberseite der Delaware-Memorial-Brücke, Delaware, 1994

Auf der Tsing-Ma-Brücke, Hongkong, 1997

Keine Brücke zu weit

versuchte, die Delaware Memorial Bridge zu überqueren, die nur knapp 100 Kilometer von seinem Heim entfernt ist, lief er ins Leere, bis er sein Problem einem Freund erzählte, der zufälligerweise den Bürgermeister von Bridgeton, New Jersey, kannte. Der wiederum kannte jemanden von der Hafenbehörde von Delaware. Betty überquerte die Bosporus- und die Fatih-Sultan-Mehmet-Brücke von Instanbul in bewaffneter Begleitung. „Auf der Angostura-Brücke in Venezuela mußten wir die Wachen mit 30 000 Bolivares bestechen", erinnert sich Betty. Als er endlich die Genehmigung zur Überquerung der Ponte 25 de Abril in Lissabon bekom-

men hatte, hatte er den amerikanischen Botschafter in Portugal inzwischen so gut kennengelernt, daß ihn der Diplomat über die Brücke begleitete.

Abgesehen von einem Paar Nikes, hat Betty keine besondere Ausrüstung. Er hat sich jedoch einige Rituale geschaffen. „Ich nehme mir von jedem Brückengang Souvenirs mit. Inzwischen habe ich eine ganze Sammlung von Dichtungsringen, Nägeln, Münzen, Radkappen und Scheibenwischern. Ich lege mich immer in der Brückenmitte auf den Boden und mache eine senkrechte Aufnahme vom Turm. Die Leute fragen natürlich, 'Was

liegt denn der Mann da herum?' Das stört mich aber nicht. Hauptsache, ich bekomme gute Photos."

Meistens geht Betty alleine, obgleich ihn Joan auf einem Drittel seiner Wege begleitet hat, ebenso wie seine Söhne Wayne und Clifford. Dieser hatte seinen Vater ohne sein Wissen 1994 dem Guinness-Buch gemeldet. Einige seiner denkwürdigsten Gänge machte er mit seinen Enkelkindern Amanda, Lauryn, Joshua und Rebecca.

„Oh, ich hab' noch gar nicht erwähnt, daß ich 1990 eine Operation am offenen Herzen hatte und 1991 ein kom-

plettes neues Gelenk im linken Knie bekommen habe", erinnert sich Betty.

Welche Brücke als nächste an die Reihe kommt? „Am 11. Mai 1997 habe ich meine 104. überquert, die Tsing-Ma-Brücke in Hongkong. Jetzt kommt dann die Corbin Bridge in Huntingdon, Pennsylvania, dann die Höga Kusten in Schweden. Ganz sicher bin ich 1998 in Japan und in Dänemark und 1999 in China", sagt Betty. Wo immer eine neue Hängebrücke gebaut wird: Es ist nur eine Frage der Zeit, bis Daniel Betty auftaucht, um sie zu begehen.

Wir haben Bodenkontakt.
— Barry Guptill, Windenbediener, beim endgültigen Niedersetzen eines Brückenträgers, 1996

Massive Eisblöcke, die durch die Meerenge treiben, könnten die Brücke zum Einsturz bringen. Um während des Eisganges die Gefahr eines Rammens der Pfeiler zu verringern, wurde die Distanz zwischen ihnen von 152 auf 250 Meter vergrößert.

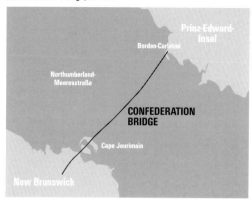

Confederation Bridge, Kanada

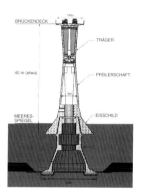

Um ein Unglück zu vermeiden, ist jede Pfeilerbasis, hier im Querschnitt, nach außen geschoben, so daß die Eisschollen durch den teilweise untergetauchten Eisbrecher an der Pfeilerseite nach oben gedrückt und zerbrochen werden.

Im Jahr 1997 eröffnete die Confederation Bridge, die längste durchlaufende Mehrfeldbrücke weltweit, über der Northumberland-Meerenge zwischen der Prinz-Edward-Insel und New Brunswick. Die neue Brücke wird die Beziehung der Insel zum Festland ebenso wie zum Meer grundlegend verändern.

Der Erbauer, Strait Crossing, ein Konsortium kanadischer, holländischer und französischer Firmen, hatte gewaltige Hindernisse beim Bau der Brücke zu überwinden. Keine andere Brücke diesen Typs ist so harten Bedingungen, wie sie in der kalten und windigen Meerenge herrschen, unterworfen. Um den staatlichen Kriterien zu entsprechen, mußten die Ingenieure nachweisen, daß die Brücke eine „Lebenserwartung" von 100 Jahren habe (ohne renovierende Eingriffe), doppelt so viel wie die durchschnittliche Lebenszeit einer Brücke, die in milderem Klima steht.

Aufgrund des Eises, das zu einem großen Teil des Jahres in der Meerenge treibt, mußte eine ganze Phalanx von Ingenieuren sich nicht nur Gedanken machen, was bei einem Auftreffen auf die Brücke geschehen könnte, sondern auch, wie die Brücke auf den Eisfluß einwirken würde. Die beiden entscheidenden, immer noch ungeklärten Fragen sind, ob die Brücke das Eis während des Eisganges im Frühling behindert und welche Auswirkungen eine solche Behinderung auf die Fischindustrie sowie die Landwirtschaft haben wird.

Die Brücke besteht aus 44 Teilen, die 22 Portale bilden, d. h. im Grunde aus 22 voneinander unabhängigen Brücken. Jeder der Hauptträger wiegt 6804 Tonnen und mißt 192 Meter. Das Niederlassen der kolossalen Träger erforderte äußerste Präzision und machte das Ausleihen des *Swanen*, einem riesigen schwanartigen Kran, den man schon zum Bau der Festlandsverbindung über den Großen Belt in Dänemark verwendet hatte, erforderlich (s. S. 112 f.). An den Trägern sind Einsetzfelder angebracht, die wechselseitig eingehängt sind, um einen „fortschreitenden Zusammenbruch" unter dem Einfluß schädlicher Kräfteeinwirkungen zu verhindern.

Der Fährendienst, den es seit 1917 gegeben hatte, wurde am Tag der Brückeneröffnung eingestellt. Für die fast 700 Mitarbeiter ist der Verlust der Fähren tragisch. Auch wenn die Confederation Bridge zahlreiche zukunftsweisende technologische Arbeiten tief im Meer erst ermöglicht hat, muß doch abgewartet werden, ob von ihr nicht auch negative Einflüsse auf die Menschen zu befürchten sind.

Prince Edward Island oder Abegweit, wie sie vom einheimischen Mi' Kmaq-Volk genannt wird, erlebt eine zunehmende Touristenflut. Die neue Brücke, die die ursprünglich 45minütige Fahrt mit der Fähre auf einen zehnminütigen Übergang verkürzt, soll pro Jahr eine Million Besucher in diese Provinz mit ihren 135 000 Einwohnern bringen.

Confederation Bridge

Sie werden nie erfahren, was Friede ist, bis Sie an den Stränden oder auf den Feldern oder den gewundenen roten Straßen von Abegweit an einem Sommerabend dahinwandern, wenn der Tau fällt und die alten Sterne herauskommen und das Meer seine nächtliche Verabredung mit dem kleinen Land beginnt, das es liebt.
— Lucy Maud Montgomery, Prince Edward Island, 1939

Überquert	Entwurf/Bau	Fertigstellung	Länge	Material	Typ
die Northumberland-Meerenge	Strait Crossing, Inc.	1997	ca. 13 Kilometer	Beton, Stahl	Beton-Hohlkastenträger

Die aufgehängte Straße der Brücke wird von zwei Stahlbetontürmen getragen. Um dem Wind zu widerstehen, umgab man die 200 Meter hohen Türme mit in Beton verkleideten Stahlgittern, die so permanente Torbalken bilden. Der Bau der Türme wurde kurz durch Taifune unterbrochen.

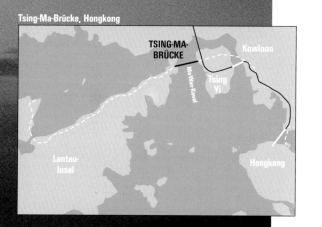

Tsing-Ma-Brücke

Ein spektakuläres Feuerwerk begleitete die Eröffnung von Hongkongs Tsing-Ma-Brücke am 27. April 1997. Gemäß der Tradition wurde zum Gang über die Brücke eingeladen, sobald sie von der früheren englischen Premierministerin Margaret Thatcher für eröffnet erklärt war. Mit einer Mittelspannweite von 1377 Metern und für eine sechsspurige Straße auf dem Ober- und zwei Gleise auf dem Unterdeck entworfen, ist die Tsing Ma die längste kombinierte Straßen- und Schienen-Hängebrücke der Welt.

Die Tsing-Ma-Brücke ist die erste Landverbindung zwischen dem Chek-Lap-Kok-Flughafen, der gerade vor der Insel Lantau entsteht, und dem Rest von Hongkong. Die 900-Millionen-Dollar-Brücke ist das Schlüsselprojekt des von der Regierung mit 20 Milliarden Dollar geförderten Flughafen-Kern-Programms zur Entwicklung von Hongkongs Infrastruktur um den neuen internationalen Flughafen. Der voraussichtlich ab April 1998 geöffnete Flugplatz wird Hongkongs Aufnahmekapazität von 24 auf 35 Millionen Passagiere pro Jahr steigern.

Mit einer Länge von mehr als drei Kilometern besteht die Lantau-Verbindung aus der Tsing-Ma-Brücke zwischen den Inseln Tsing Yi und Ma Wan, dem Ma-Wan-Viadukt, einem angehobenen 700-Meter-Viadukt, der von der Tsing-Ma-Brücke über Ma Wan hinwegführt, und der Kap-Shui-Mun-Brücke, eine Kabelbrücke mit einer Mittelspanne von 430 Metern, die Ma Wan und Lantau verbindet.

Das Deck der Tsing Ma hängt an zwei Haupttrossen, die jeweils aus 91 Strängen von je 368 Drähten bestehen. Diese Trossen ziehen sich über 454 Tonnen schwere Stahlauflagen, die auf der Spitze jedes Turmes aufliegen. Der Rohstahl wurde in Großbritannien und Japan gefertigt und dann zu einer Montagefirma in Dongguan, China, verschifft, etwa 80 Kilometer flußaufwärts von Hongkong. Eine spezielle Barke wurde zum Transport der Deckteile – jedes ist 36 Meter lang – gebaut, um sie zum Brückenstandort zu befördern. Dort wurden sie mit Gerüstkränen in ihre endgültige Position gehoben.

Nur wenige Besucher Hongkongs werden den niedrigen Flug über Kowloon City und die waghalsigen Landungen auf der schmalen Rollbahn des alten Kai-Tak-Flughafens vermissen. Die Passagiere kommen nun am neuen Flughafen an und werden über Land und Meer via Tsing Ma rasch in die Stadt befördert. Die nur zwei Monate vor der Übergabe Hongkongs an die Chinesen fertiggestellte Brücke ist ein imposantes Signal für die Veränderungen, die die Stadt erlebt.

Hongkong, internationale Finanzmetropole, war eine britische Kolonie mit sechs Millionen Einwohnern, bis sie wieder an China fiel.

Die Turmfundamente auf der Ma-Wan-Seite wurden durch das Abtauchen zweier Senkkästen in eine teilweise künstliche Insel erstellt. Die an der Turmbasis sichtbare, nun fertiggestellte Insel schützt den Turm vor Zusammenstößen mit Schiffen.

Wenn es ein chinesisches Sprichwort gibt, das den Gegensatz zwischen der Armut der Sprache und der Eloquenz der Tat thematisiert, dann ist es bestimmt ein Sprichwort, das die Menschen in Hongkong vor sich hinmurmeln, diese Menschen, die aufgrund ihrer Herkunft und ihrer besonderen Geschichte ständig unterwegs sind.

— Paul Theroux, Memories That Drive Hong Kong, New York Times, 1997

Überquert	Entwurf/Bau	Fertigstellung	Spannweite	Material	Typ
den Ma-Wan-Kanal	Mott MacDonald Hong Kong Limited	1997	1377 Meter	Stahl, Beton	Hängebrücke

Die mit den Flaggen der an dem Projekt beteiligten Nationen bedeckten Spinnräder wurden unter dem Jubel der fröhlichen bælt eingeschaltet, um so den Weltrekord für das Spinnen von Kabeln zu erreichen, und das etwa sieben Wochen früher als
— A/S Storebaeltforbindelsen-Presseerklärung vom 20. November 1996

Seine Königliche Hoheit Prinz Joachim kroch als erster im Oktober 1994 durch die südliche Tunnelröhre.

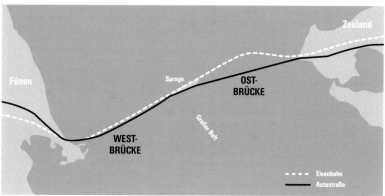

Ostbrücke, Festlandsverbindung des Großen Belt, Fünen Zeeland, Dänemark

Die Haupttrossen bestehen aus nahezu 18 144 Tonnen Draht, genug, um fast dreimal die Erde zu umspannen. Man drehte sie in noch nie dagewesener Menge von bis zu 259 Tonnen pro Tag über 112 Tage hinweg mit Hilfe von Arbeitern, die man hauptsächlich bei der Skiliftfertigung in den Französischen Alpen rekrutiert hatte.

Arbeiterschaft zur 4622. und letzten Reise über den Store- geplant.

Die derzeit im Bau befindliche Verbindung über den 6,77 Kilometer breiten Sund des Großen Belt in Dänemark ist ein Brückenprojekt von außergewöhnlichen Ausmaßen. Die feste Verbindung über den Großen Belt oder Storebælt besteht aus zwei Brücken und einem Tunnel – der Ost- und Westbrücke und dem Osttunnel –, die man zur Verbesserung von Skandinaviens Transportnetzwerk errichtet. Die Ostbrücke wird mit einem Einhängefeld von 1624 Metern die Weltrekorde der Humber- bzw. Mackinac Bridge als längste Hängebrücke der Welt und längstes Hängebauwerk überhaupt brechen. Allerdings nicht für lange: Wenige Monate nach ihrer Fertigstellung 1998 wird ihre Rekordlänge von der beeindruckenden Akashi-Kaikyo-Brücke in Japan mit einem Mittelteil von 1990 Metern übertroffen werden.

Die Verbindung schließt die zwei größten Inseln Dänemarks, Seeland und Fünen zusammen, wobei die winzige Insel Sprogø eine Art „Vermittlerrolle" spielt. Die längste je in Küstennähe erstellte Hängebrücke, die Ostbrücke, ist eine 6,80 Kilometer lange Autobrücke aus einem Mittelfeld, zwei 535 Meter langen Seitenfeldern und 23 Auffahrfeldern. Als Verbindung von Seeland (Standort Kopenhagens) und Sprogø wurde die Brücke von COINFRA, einem internationalen Konsortium von Vertragsnehmern, entworfen. Die 1995 fertiggestellte Westbrücke, über die zwischen Fünen und Sprogø pendelnde Kraftfahrzeuge und Züge fahren, ist 6,40 Kilometer lang und aus Betonfertigteilen. Auf Sprogø trennen sich die Straßen und Schienen der Westbrücke: Die 1997 fertiggestellte Bahnlinie setzt sich in Richtung über den Osttunnel Seeland fort, zwei parallel laufende Röhren von acht Kilometern Länge, die durch den Felsboden zwischen Seeland und Sprogø getrieben wurden. Die Straßenverbindung wird nach Fertigstellung der Ostbrücke geöffnet.

Vor dem Bau der Ostbrücke wurden verschiedene Simulationen von Fahrmanövern von Schiffen durchgeführt, um den Konstruktionstyp herauszufinden, der den Schiffen die Überquerung des Großen Belt so einfach wie möglich machen sollte. Tests zeigten, daß ein Feld von mindestens 1600 Metern Länge erforderlich ist, um die Schiffahrtswege davon nicht zu beeinträchtigen. Einen Schrägseilbrückenentwurf ließ man bald wieder fallen, weil ein Hauptfeld von 1200 Metern derzeit das Limit für einen solchen Entwurf ist. Nach Berechnung der endgültigen Kosten erwies sich eine Hängebrücke als die günstigste Lösung. 1997 trat der Bau der Ostbrücke in seine letzte und spektakulärste Phase: Trossen wurden angebracht und Brückendeckteile positioniert. Die Eröffnung ist für Juni 1998 vorgesehen.

Die Westbrücke endet an der einsamen Insel Sprogø, früher Standort eines psychiatrischen Krankenhauses. Die Fläche der Insel hat sich während des Baues mittels ausgehobener Erde um das Vierfache erhöht.

Ostbrücke der Festlandsverbindung über den Großen Belt

| Überquert | den Großen Belt | Entwurf/Bau | COINFRA | Voraussichtliche Fertigstellung | 1998 | Spannweite | 1624 Meter | Material | Stahl, Beton | Typ | Hängebrücke |

Es gibt bestimmte Erinnerungen an die Vergangenheit, die starken Stahlfedern gleichen. Wenn wir sie heute berühren, sind sie plötzlich straff gespannt und katapultieren uns in die Zukunft.
— Yukio Mishima, The Temple of the Golden Pavillion, 1956

Vorgefertigte runde Senkkästen aus Stahl, jeder mit einem Durchmesser von 73 Metern, wurden zur Baustelle gezogen, versenkt und mit eingestelltem Beton und einem neuen silikongeschäumten Zement gefüllt, den man für dieses Projekt entwickelt hatte.

Akashi-Kaikyo-Brücke, Honshu-Awaji, Japan

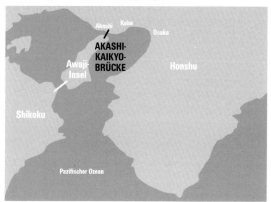

Mit ihren 283 Metern kommen die Brückentürme an den Tokio- und den Eiffelturm heran, übertreffen die massiven Minami-Bisan-Seto-Brückentürme um die Hälfte und lassen die Humberfluß-Brücke, zur Zeit die längste Hängebrücke der Welt, fast zwerghaft erscheinen.

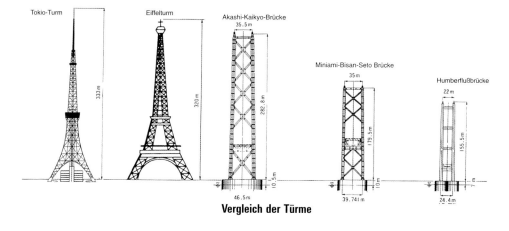

Vergleich der Türme

Akashi-Kaikyo-Brücke

Es wurde gemunkelt, daß die Ingenieure vom Honshu-Shikoku-Brückenbauamt (HSBA) „die Götter nicht dadurch herausfordern wollten", daß sie das Hauptfeld der Akashi-Kaikyo-Brücke um weitere zehn Meter verlängerten, nur um die Länge auf zwei Kilometer aufzurunden. Trotzdem berücksichtigte die HSBA nahezu jeden denkbaren Aspekt eines Brückenentwurfs und -baus bei der Errichtung von 18 Hauptbrücken auf drei Routen, die eine Verbindung von Insel zu Insel über das Seto Nakai oder Binnenmeer ab dem Jahr 2000 ermöglichen sollen. 14 von der HSBA entworfene Brücken gelten als Brücken von Weltrang, darunter die massive Tatara-Brücke (s. S. 116 f.) und die außergewöhnlichen Hitsuishijima- und Iwakurojima-Brücken (s. S. 96 f.). Die Akashi Kaikyo jedoch, mit ihrem rekordbrechenden aufgehängten Hauptfeld von 1990 Metern Länge, ist das „Juwel" dieser 14 Brücken. Bei ihrer Fertigstellung im Jahr 1998 wird das Bauwerk der Welt längste und teuerste Hängebrücke (geschätzte Kosten: 7,6 Milliarden Dollar) sein.

Die Akashi Kaikyo liegt an der Kobe-Naruto-Route, östlichste der drei Vielbrücken-Übergänge, die die Inseln Honshu und Awaji verbinden. Die Straße führt über die Awaji-Insel zur Ohnaruto-Brücke (1984), einer 876 Meter langen Hängebrücke, und endet bei Naruto auf der Insel Shikoku. Der Bau begann 1988. Eine der letzten noch fertigzustellenden Brücken, die 3,80 Kilometer lange Akashi Kaikyo, wird von den Erfahrungen bei der Erstellung früherer Brückenbauten sicherlich profitieren.

Dem modernen japanischem Brückenbau kam eine Entdeckung im Bereich der Materialkunde ganz besonders zugute: die Konstruktion eines hochfesten Stahldrahts, der noch nie zuvor bei einer Hängebrücke Verwendung gefunden hatte. Die verbesserte Reißfestigkeit der Seildrähte gestattete die Anbringung von nur mehr zwei anstatt der früheren vier Hauptseile.

Als die Stahltürme aufgestellt waren, begann die Installation der Trossen. Um Störungen durch den Schiffsverkehr zu vermeiden – etwa 1400 Schiffe durchfahren täglich die Meerenge –, benützte man zur Anbringung des ersten Aufhängeseiles einen Hubschrauber. Um die konventionellen Verspinnungsmethoden zu verbessern, verwendete man anschließend von der HSBA vorgefertigte Trossen. Diese waren bereits zu Tauen gebündelt und wurden von Verankerung zu Verankerung gespannt.

Das Jahr 1995 begann mit einem Schock. Am 17. Januar erreichte das große Erdbeben in Hanshin 7,2 auf der Richterskala und verwüstete Kobe. Obgleich man die Brücke so entworfen hatte, daß sie einem Erdbeben von 8,5 standhalten sollte, war das Gefühl der Erleichterung groß, als die Männer der HSBA sahen, daß der Bau immer noch stand. Doch machten sich bald große Bedenken breit, als Messungen darauf hindeuteten, daß das Beben die Türme um einen Meter auseinandergeschoben hatte, genug, um eine Neubewertung der Aufhänger und Decks nötig zu machen. Der verlorene Monat konnte mit der problemlosen Errichtung des aussteifenden Fachwerks des Decks wieder hereingeholt werden.

Die Anfälligkeit der Brücke für Erdbeben und Taifune bestimmte ihr konservatives Aussehen. Ein tiefes Aussteifungsfachwerk älterer Bauart wurde zur Stabilisierung des Decks verwendet, was ihm ein schwereres Profil verleiht, als es die schlanken, aerodynamischen Decks der meisten Hängebrücken aufweisen.

| Überquert die Aleshi-Meeresstraße | Entwurf/Bau Honshu-Shikoku Brückenbauamt | Voraussichtliche Fertigstellung 1998 Längste Hängebrücke der Welt | Spannweite 1990 Meter | Material Stahl | Typ Hängebrücke |

Die Konsumgesellschaft . . . muß erkennen, daß jedes Bauwerk, das bis jetzt geschaffen wurde oder noch geschaffen werden wird, ob im traditionellen Stahl und Beton oder in den Verbundwerkstoffen der Zukunft, ebenso gepflegt wie benutzt werden muß.
— Henry Petroski, Engineers of Dreams, 1995

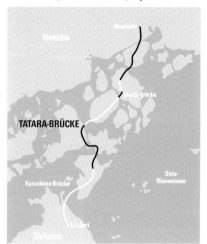

Tatara-Brücke, Onomichi-Imabari, Japan

Tatara-Brücke

Die Ikuchi-Schrägseilbrücke (1991) ist eine der sechs Brücken, die auf der Onomichi-Imabari-Route bereits im Gebrauch sind. Sie hat zwei spitz zulaufende Türme, von denen aus sich Tragwerke von fächerförmig angeordneten Trossen nach unten ziehen. Mit Verbundträgern hochgezogen, besitzt sie einen 490 Meter langen Mittelteil aus Stahl und 150 Meter lange Seitenteile aus Beton.

Eine der letzten Brücken, die innerhalb des gigantischen Bauprogramms des Honshu-Shikoku-Brückenbauamtes (HSBA) noch fertiggestellt wird, ist die Tatara-Brücke, hier in einer Computermontage dargestellt. Die Tatara ist eine von zehn Brücken auf der Onomichi-Imabari-Route, der westlichsten der drei Brückenstraßen zwischen Honshu und Shikoku (s. S. 96 f. und S. 114 f.). Mit einem Mittelfeld von 890 Metern Länge wird die Tatara bei ihrer Fertigstellung 1999 die längste Schrägseilbrücke der Welt sein.

Bei Schrägseilbrücken wird das Deck mit Trossen direkt an den Pfeilern angebracht und von den Trossen, Pylonen und Endauflagern am Ufer getragen, wodurch die Ingenieure die bei Hängebrücken üblichen kostenaufwendigen lotrechten Hängepfosten, Haupttrossen und Verankerungen nicht benötigen. Obgleich die Tatara-Brücke ursprünglich als Hängebrücke entworfen worden war, entschloß man sich schließlich zu einem preisgünstigeren Schrägseilbrücken-Entwurf, der die Umwelt des Nationalparks des Seto Nakai weniger schädigt.

Das letzte Verbindungsglied der Route soll im selben Jahr fertiggestellt werden wie die Tatara-Brücke. Diese Verbindung – die aus den Kurushima-Brücken besteht, drei Hängebrücken mit Hauptfeldern von 1030, 1020 und 600 Metern – wird der einzige Transportweg der Welt mit einem Hängebrücken-Dreigespann sein.

Die Begeisterung für das Projekt verflog durch das hohe Haushaltsdefizit nur allzu rasch. Ernüchtert wurden die Japaner nicht zuletzt auch durch die Erkenntnis, daß derart gigantische Baumaßnahmen den Reichtum des Landes aufzehren – Japan verbraucht jährlich 300 Milliarden Dollar für Bauten – und zudem zu Umweltzerstörungen führen. Laut einem 1997 in der **New York Times** erschienenen Artikel von Andrew Pollack herrscht nun eine Stimmung der Neuorientierung hinsichtlich des Bedarfs an Baumaßnahmen dieser Größenordnung. Allerdings ist eine Ausgabenkürzung in diesem Bereich ebenfalls alles andere als unproblematisch.

Jetzt, an der Schwelle zum 21. Jahrhundert, ist der Bau einer Reihe monumentaler Brücken im Gange, besonders in Norwegen, Schweden, China und Indien. Die Ingenieure arbeiten an der Konstruktion neuer und kühner Brücken des Hänge- und Schrägseiltyps, die imstande sind, einst für unmöglich gehaltene Entfernungen von mehr als 3000 Metern zu überspannen. Angesichts der immensen Kosten derartiger Projekte wird vielerorts die Meinung vertreten, daß die Renovierung älterer Brücken dem Bau neuer Verbindungen vorzuziehen sei.

Brücken sind empfindliche Bauwerke. So müssen sie immer wieder gründlich gewartet werden – wodurch natürlich nicht zu unterschätzende Kosten entstehen. Anders als Wolkenkratzer, ihr vertikales Gegenstück, sind Brücken freiliegende Bauten und den täglichen Angriffen von Verkehr, Wind und Wetter unterworfen, die sie für Materialanfälligkeit und Korrosion „verwundbar" machen. Brücken sind weit mehr als bloße Verbindungen zwischen zwei geographischen Punkten – können sie doch als Verbindungen zwischen verschiedenen Gesellschaften, Kulturen und politischen Ideologien angesehen werden. Und als solche bedürfen sie unseres ganz besonderen Schutzes.

Ein Photo des Deckbaues der Tatara-Brücke vom März 1997.

| Überquert den Seto Nakai (Binnenmeer) | Entwurf/Bau Honshu-Shikoku Brückenbauamt | Voraussichtliche Fertigstellung 1999 Längste Schrägseilbrücke weltweit | Spannweite 890 Meter | Material Stahl, Beton | Typ Schrägseilbrücke |

Hängebrücken

Name	Ort	Land	Jahr der Fertigstellung	Hauptfeld- länge/Meter **
Akashi Kaikyo	Kobe-Naruto	Japan	1998*	1990
Ostbrücke, Festlandsver- bindung des Großen Belt	Fünen Zeeland	Dänemark	1998*	1624
Humber	Hull	England	1981	1410
Jiangrin	Yangtze	China	1997*	1385
Tsing Ma	Hongkong	China	1997	1377
Verrazano Narrows	New York, NY	USA	1964	1298
Golden Gate	San Francisco, CA	USA	1937	1280
Höga Kusten	Veda	Schweden	1997*	1210
Mackinac	Mackinac-Straße, MI	USA	1957	1159
Minami Bisan-Seto	Kojima-Sakaide	Japan	1988	1100
Fatih Sultan Mehmet	Istanbul	Türkei	1988	1090
Bosporus I	Istanbul	Türkei	1973	1074
George Washington	New York-New Jersey	USA	1931	1067
Kurushima III	Onomichi-Imabari	Japan	1999*	1030
Kurushima II	Onomichi-Imabari	Japan	1999*	1020
Ponte 25 de Abril	Lissabon	Portugal	1966	1013
Forth Road	Queensferry	Schottland	1964	1006
Kita Bisan-Seto	Kojima-Sakaide	Japan	1987	990
Severn	England-Wales	Großbritannien	1966	988
Shimotsui-Seto	Kojima-Sakaide	Japan	1988	956
Ohnaruto	Kobe-Naruto	Japan	1984	876
Tacoma Narrows	Tacoma Narrows, WA	USA	1940	853
Innoshima	Onomichi-Imabari	Japan	1983	770
San Francisco/Oakland Bay Bridge	San Francisco, CA	USA	1936	704
Bronx-Whitestone	New York, NY	USA	1939	701

Schrägseilbrücken

Name	Ort	Land	Jahr der Fertigstellung	Hauptfeld- länge/Meter **
Tatara	Onomichi-Imabari	Japan	1999*	890
Pont de Normandie	Le Havre	Frankreich	1995	856
Qingzhou Minjiang	Fuzhou	China	1996	605
Yangpu	Shanghai	China	1993	602
Xupu	Shanghai	China	1997	590
Meiko-Chuo	Nagoya	Japan	1997	590
Skarnsundet	Trondheim	Norwegen	1991	530
Tsurumi Tsubasa	Yokohama	Japan	1994	510
Ikuchi	Onomichi-Imabari	Japan	1991	490
Higashi-Kobe	Kobe	Japan	1992	485
Ting Kau	Hongkong	Hongkong	1997	475
Alex Fraser	Vancouver, BC	Kanada	1986	465
Yokohama Bay	Yokohama	Japan	1989	460
Hoogly II	Kalkutta	Indien	1992	457
Severn II	Bristol	England	1996	456
Rama IX	Bangkok	Thailand	1987	450
Queen Elizabeth II	Dartford-Thurrock	England	1991	450
Carlos Fernandez Casado	Barrios de Luna	Spanien	1983	440

Stahlausleger-Träger

Name	Ort	Land	Jahr der Fertigstellung	Hauptfeld- länge/Meter **
Québec	Québec City	Kanada	1917	549
Forth	Queensferry	Schottland	1890	521
Nanko	Osaka-Amagasaki	Japan	1974	510
Commodore Barry	Chester, PA	USA	1974	501
Greater New Orleans	Louisiana	USA	1958	480
Greater New Orleans II	Louisiana	USA	1988	480
Howrah	Kalkutta	Indien	1943	457
Gramercy	Gramercy, LA	USA	1995	445
San Francisco/ Oakland Bay Bridge	San Francisco, CA	USA	1936	427
Baton Rouge	Baton Rouge, LA	USA	1968	376

Stahlbogen

Name	Ort	Land	Jahr der Fertigstellung	Hauptfeld- länge/Meter **
New River Gorge	Fayetteville, WV	USA	1978	518
Bayonne	New Jersey-New York	USA	1931	504
Sydney Harbor Bridge	Sydney	Australien	1932	503
Fremont	Portland, OR	USA	1973	383
Port Mann	Vancouver, BC	Kanada	1964	366
Thatcher	Balboa	Panama	1962	344
Trois Rivières	Québec	Kanada	1967	1335
Runcorn-Widnes	Mersey	England	1961	330
Zdákov	Lake Orlik	Tschechien	1967	330
Birchenough	Sabi	Zimbabwe	1935	1329

Voraussichtliches Datum der Fertigstellung

**Die Hauptfeldlänge ist die Entfernung zwischen den beiden Hauptpfeilern der Brücke*

Betonbogen

Name	Ort	Land	Jahr der Fertigstellung	Hauptfeld-länge/Meter**
Wanxiang	Yangzi	China	1996	420
Krk I (östl. Spannweite)	Krk Island	Kroatien	1980	390
Jiangjiehe	Wu	China	1995	330
Yongjiang	Guangxi	China	1996	312
Gladesville	Sydney	Australien	1964	305
Amizade	Paraná	Brasil./Paraguay	1964	290
Bloukrans	Van-Stadens-Schlucht	Südafrika	1983	272
Arrábida	Porto	Portugal	1963	270
Sandö	Kramfors	Schweden	1943	264
Châteaubriand	La Rance	Frankreich	1991	261

Stahlträgerbrücken

Astoria	Columbia , OR	USA	1966	376
Francis Scott Key	Baltimore, MD	USA	1977	366
Oshima	Yanai City-Oshima	Japan	1976	325
Kuronoseto	Akune City-Nagashima	Japan	1974	300

Beton-Hohlkasten

Stolmasundet	Austevoll	Norwegen	1998	301
Raftsundet	Lofoten	Norwegen	1998	298
Humen	Pearl	China	1998	279
Varodd	Kristiansand	Norwegen	1994	260

Hohlstahlträger

Name	Ort	Land	Jahr der Fertigstellung	Hauptfeld-länge/Meter**
Costa e Silva	Rio de Janeiro-Niteroi	Brasilien	1974	300
Neckartalbrücke	Weitingen	Deutschland	1978	263
Sava I	Belgrad	Serbien	1956	261
Ponte de Vitoria III	Espirito Santo	Brasilien	1989	260

Bewegliche Brücken

Arthur Kill	Elizabeth, NJ	USA	1959	170
al-Firdan	Suez-Kanal	Egypt	1964	168
Cape Cod Canal	Cape Cod, MA	USA	1935	166
Mississippi	Fort Madison, IA	USA	1927	160
South Capitol Street	Washington, DC	USA	1949	118

Die längsten Brücken insgesamt/Jochbrücken/Dammwege

Name	Ort	Land	Jahr	Gesamtlänge Kilometer
Lake Pontchartrain II	Metairie-Lewisburg, LA	USA	1969	38,5
Lake Pontchartrain I	Metairie-Lewisburg, LA	USA	1956	38,3
Chesapeake Bay	Chesapeake Bay, Virginia	USA	1964	28,3
King Fahd Causeway	Golf von Bahrain	Bahrain-Saudi-Arabien	1986	24,9
Sunshine Skyway	Tampa-Bucht, FL	USA	1987	24,5
Pinang	Pinang Island-Perai	Malaysien	1985	13,8
Confederation	Northumberland Strait	Kanada	1997	12,9
Chesapeake Bay I	Chesapeake-Bucht, VA	USA	1952	12,9
Chesapeake Bay II	Chesapeake-Bucht, VA	USA	1972	12,9
San Mateo-Hayward	San-Francisco-Bucht, CA	USA	1967	11,3

Die 100 längsten Brücken der Welt

Die Zahlen stammen aus verschiedenen Quellen, hauptsächlich aus Dokumenten der Bauunternehmer und der Transportämter von Staat und Bundesländern sowie aus verschiedenen Bauzeitschriften.

Glossar

Isambarb-Kingdom-Brunel's-Clifton-Hängebrücke, Bristol, England (1864)

Aquädukt: Ein künstlicher Wasserkanal, oft auf Bögen.

Auflast: Die bewegliche Belastung eines Baus, einschließlich des Gewichtes von Personen, Fahrzeugen, Gebäuden und Ausrüstung, aber ohne die Windbelastung.

Ausleger: Ein vorstehender Balken oder ein Bauteil, das nur an einem Ende gehalten wird.

Balken: Ein starres, allgemein horizontales Teil, dessen wichtigste Funktion das Tragen einer diagonalen Last ist, d. h., einer Last, die eine Biegung verursacht, im Gegensatz zum Beugen oder Krümmen.

Beton: Eine Mischung aus Kieseln, Sand, Zement und Wasser, die zu einer steinartigen Substanz aushärtet.

Caisson: Ein vorgefertigter Senkkasten mit scharfen Unterkanten, die in das Flußbett einschneiden und so mit Fortgang des Baus immer tiefer sinken. Wird für Brückenfundamente genutzt.

Dynamische Last: Ein Lastwert durch Wind, der eine senkrechte Bewegung und so Vibrationen in alle Richtungen verursacht.

Eigengewicht: Das Gewicht des Baus selbst, einschließlich ständig daran befestigter Anlagen oder Halterungen.

Endauflager: Die äußersten Endstützen einer Brücke, die die Belastung vom Deck zum Boden weitergeben.

Fachwerk: Üblicherweise in Form von Dreiecken zusammengesetzte Stücke von Holz, Eisen oder Stahl zur Überspannung eines Raumes ohne Verbiegung.

Fangdamm: Vorübergehender wasserdichter Damm, der zur Anlage eines Fundaments vermittels Zugang zu normalerweise unter Wasser liegendem Boden erstellt wird.

Gurt: Ein Bauteil auf der Ober- und Unterseite eines Fachwerks, zwischen dem die senkrechten Pfosten und diagonalen Streben positioniert sind.

Gußeisen: Eine Legierung aus Eisen und Kohle, die durch das Gießen des geschmolzenen Materials in Formen entsteht; bei Spannung von berüchtigter Unzuverlässigkeit.

Hängebrücke: Eine Brücke, deren Deck durch große Trossen oder Ketten zwischen senkrechten Türmen getragen wird.

Hohlkasten- oder Plattenträger: Ein hohler Stahlträger, der durch Schweißen, Verbolzen oder Vernieten von Metallteilen in Kastenform hergestellt wird, um Stärke ohne großes Gewicht zu verleihen.

Hubbrücke: Eine Brücke, die sich durch das Anheben des gesamten Brückendecks zwischen zwei Türmen öffnet.

Keilsteine: Die keilförmigen Mauerblöcke, aus denen ein Bogen besteht.

Kettenkurve: Der natürliche Schwung einer Trosse zwischen zwei Türmen.

Leergerüst: Provisorisches Gerüst zum Stützen der unvollständigen Brückenteile, die sich selbst nicht tragen können.

Pfahl: Ein Bauteil, das zum Tragen einer Brücke senkrecht in den Boden getrieben wird. Pfahlanordnungen oder Gruppen von Pfählen werden auch als Basis zum Erstellen von Endauflagern oder Pfeilern verwendet.

Pfeiler: Der tragende Bau zwischen zwei oder mehr Bögen oder Trägern.

Pfeilerkopf: Ein spitzer Vorsprung jenseits der Pfeilerbasis, der sie durch das Trennen der Strömung schützt.

Pneumatischer Senkkasten: Ein Senkkasten mit einer Druckluftkammer.

Pontonbrücke: Eine Brücke aus schwimmenden Booten mit flachen Böden, die man zusammenbindet, um auf ihnen eine Straße anzulegen.

Pylon: Ein Turm, um den die Trossen für eine Hänge- oder Schrägseilbrücke geschlungen sind.

Schalung: Das provisorische System zum Stützen und Formen von Bauteilen aus Beton.

Scherung: Das Verschieben einer Materialschicht relativ zur nächsten.

Schlußstein: Der Stein, der einen Bogen vervollständigt und in Scheitelhöhe eingepaßt ist.

Schmiedestahl: Eine formbare Legierung mit einem sehr niedrigen Kohlenstoffgehalt, die eine hohe Zugstärke und eine niedrige Kompressionsstärke hat.

Schrägseilbrücke: Eine Brücke, bei der die Decklast von Stütztrossen getragen wird, die sich von einem Mast zu einer Reihe von Befestigungen entlang des Brückendecks ziehen.

Schwingbrücke: Ein beweglicher Brückentyp, der sich durch Drehen eines Brückenflügels zur Seite öffnet.

Schwingung: Die vertikale Bewegung eines Hängebrückendecks im Wind.

Spannbeton: Beton, den man über gestreckte und verankerte Stahlstränge gegossen hat. Nach dessen Festigung werden die Verankerungen gelöst; wenn sich der Stahl auf seine ursprüngliche Länge zusammenzieht, drückt er den Beton zusammen, was ein leichtgewichtiges, extrem starkes Material ergibt.

Spannweite: Die Entfernung zwischen zwei Stützen einer Brücke.

Stahl: Legierung aus Eisen und Kohlenstoff – dem Kohlenstoff-Inhalt nach abgestuft – die in Zug und Druck gleichermaßen stark ist.

Stahlbeton: Beton, in den Stahl in Form von Stäben, Balken oder Matten eingearbeitet ist. Die Zugfestigkeit von Stahl und die Druckfestigkeit von Beton lassen ein Bauteil starke Belastungen aller Art aushalten.

Träger: Ein großer Balken aus Stahl, Eisen, Stahlbeton oder Holz zum Tragen konzentrierter Ladungen an bestimmten Stellen der Brücke.

Unterspülung: Die Erosion von Unterwasserpfeilern durch schnell fließendes Wasser.

Versteifungsträger: Ein zweites unter dem Deck einer Brücke angebrachtes Stück Stahl oder Holz als Verstärkung gegen ein Verbiegen.

Verwindung: Eine Kraft, die ein Bauteil verdreht.

Widerlager: Ein Block auf beiden Enden einer Hängebrücke, meist aus Beton mit eingebetteten Zugstangen aus Stahl, an denen die Hauptseile angebracht werden.

Zweigelenkbogen: Ein Bogen, der nur an den Endauflagern gelenkig gelagert ist.

Bibliographie

Bücher

Ammann, O. H./von Kármán, Theodor/Woodruff, Glenn B.: *The Failure of the Tacoma Narrows Bridge.* Washington 1941.

Andric, Ivo: *The Bridge on the Drina.* Übersetzt von Lovett Edwards. New York 1959.

Beckett, Derrick: *Bridges.* London 1969.

Bluestone, Daniel: *Constructing Chicago.* New Haven 1991.

Bohn, Davi und Petschek, Rodolfo: *Kinsey, Photographer.* San Francisco 1984.

Bill, Max. *Robert Maillart.* New York 1969.

Billington, David P: Robert *Maillart's Bridges: The Art of Engineering.* Princeton, New York 1979.

ders.: *The Tower and the Bridge: The New Art of Structural Engineering.* New York 1983.

ders.: *Robert Maillart and the Art of Reinforced Concrete.* New York und Cambridge, Mass 1990.

Boyer, Marjorie Nice: *Medieval French Bridges: A History.* Cambridge 1976.

Brooklyn Museum: *The Great East River Bridge.* New York 1983.

Brown, David: *Bridges.* New York 1993.

Captiman, Barbara/Kinerk, Michael/Wilhelm, Dennis: *Rediscovering Art Deco U.S.A.* New York 1994.

Condit, Carl: *American Building.* Chicago 1968.

Cortright, Robert: *Bridging.* Tigard, Ore. 1994.

DeLony, Eric: *Landmark American Bridges.* Boston 1993.

DeMaré, Eric: *Bridges of Britain.* London 1975.

Eisenhower, Dwight: *Crusade in Europe.* New York 1990.

Frampton, Kenneth: *Modern Architecture: A Critical History.* London 1985.

Frampton, Kenneth/ Webster, Anthony/ Tischhauser, Anthony: *Calatrava: Bridges.* Zürich 1993.

Giedion, Sigfried: *Space, Time and Architecture.* Cambridge, Mass. 1980.

Gies, Joseph: *Bridges and Men.* New York 1963.

Griggs, Francis (Hrsg.): *A Biographical Dictionary of American Civil Engineers.* New York 1991.

Hechler, Ken: *The Bridge at Remagen.* New York 1957.

Hegel, Georg Wilhelm Friedrich: *The Philosophy of History.* New York 1956.

Hicks, Frederick: *High Finance in the Sixties: Chapters from the Early History of the Erie Railway.* New Haven 1929.

Hopkins, H. J: *A Span of Bridges.* New York 1970.

Hungerford, Edward: *Men of Erie.* New York 1946.

James, Henry: *Italian Hours.* New York 1968.

Janson, Peter: *The Providence Waterfront: Three Centuries of Commerce.* Providence 1983.

Johnson, Roger: *New City, Old Bridge.* Lake Havasu City, Ariz. 1981.

Knapp, Ronald: *Chinese Bridges.* New York 1993.

Kostof, Spiro: *A History of Architecture: Settings and Rituals.* London 1985.

Le Corbusier: *When Cathedrals Were White.* New York 1947.

Leonhardt, Fritz: *Bridges: Aesthetics and Design.* Cambridge, Mass. 1984.

Lewis, R.W.B: *The City of Florence: Historical Vistas & Personal Sightings.* New York 1995.

Lowe, Jet: *Industrial Eye.* Washington, D.C. 1986.

Loyrette, Henri: *Gustave Eiffel.* New York 1985.

McCullough, David: *The Great Bridge.* New York 1972.

Mishima, Yukio: *The Temple of the Golden Pavilion.* Tokyo and Rutland, Vermont 1989.

Moore, Charles/Lidz, Jane: *Water and Architecture.* New York 1994.

Morris, James: *The World of Venice.* New York 1960.

O'Connor, Colin: *Historic Bridges of Australia.* Queensland 1985.

ders.: *Roman Bridges.* Cambridge, Great Britain 1993.

Ortega y Gasset, José: *Toward a Philosophy of History.* New York 1941.

Petroski, Henry: *To Engineer is Human: The Role of Failure in Successful Design.* New York 1982.

ders.: *Engineers of Dreams; Great Bridge Builders and the Spanning of America.* New York 1995.

Plowden, David: *Bridges: Spans of North America.* New York 1974.

Pritchett, V. S: *London Perceived*. New York 1962.

Reavis, L. U: *A History of the Illinois and St. Louis Bridge*. St. Louis 1874.

Reed, Henry Hope/McGee, Robert/Mipaas, Esther: *Bridges of Central Park*. New York 1990.

Richards, J. M: *The National Trust Book of Bridges*. London 1984.

Rousseau, Jean-Jacques: *The Confessions of Jean Jacques Rousseau*. New York 1945.

Ruskin, John: *The Stones of Venice*. Boston 1981.

Russel, John: *Paris*. New York 1983.

Sayenga, Donald: *Ellet and Roebling*. York, Penn. 1983.

Schodek, Daniel: *Landmarks in American Civil Engineering*. Cambridge, Mass. 1987.

Scott, Quinta/Miller, Hpward: *The Eads Bridge*. Columbia, Mo. 1979.

Shanor, Rebecca: *The City That Never Was: Two Hundred Years of Fantastic and Fascinating Plans That Might Have Changed the Face of New York City*. New York 1988.

Steinman, David B./Neville, John: *Miracle Bridge at Mackinac*. Grand Rapids, Mich. 1957.

Steinman, David/Watson, Ruth: *Bridges and Their Builders*. New York 1941.

Stern, Robert: *New York 1930: Architecture and Urbanism Between the Two World Wars*. New York 1995.

Stern, Robert/Mellins, Thomas/Fishman, David: *New York 1960: Architecture of Urbanism Between the Second World War and the Bicentennial*. New York 1995.

Strauss, Joseph: *The Golden Gate Bridge: Report of the Chief Engineer to the Board of Directors of the Golden Gate Bridge and Highway District*. San Francisco, Calif. 1938.

Trachtenberg, Alan: *Brooklyn Bridge: Fact and Symbol*. New York 1965.

Turner, Jane (Hrsg.): *The Dictionary of Art*. London 1996.

Vitruvius: *De Architectura*. Cambridge 1988.

Vogel, Robert: *Roebling's Delaware and Hudson Canal Aqueducts*. Washington, D.C. 1971.

Warner, William: *The Providence Waterfront 1686–2000*. Providence 1985.

ders.: *I-195 Old Harbor Plan 1992*. State of Rhode Island 1992.

Watson, Wilbur: *Bridge Architecture*. New York 1927.

Weigold, Marilyn: *Silent Builder: Emily Warren Roebling and the Brooklyn Bridge*. Port Washington, N.Y. 1984.

Whitman, Walt: *Leaves of Grass*. New York 1958.

Whitney, Charles S: *Bridges: A Study in their Art, Science and Evolution*. New York 1929.

Wilder, Thornton: *The Bridge of San Luis Rey*. New York 1927.

Winpenny, Thomas: *Without Fitting, Filing, or Chipping: An Illustrated History of the Phoenix Bridge Company*. Easton, Penn. 1996.

Woodward, Calvin: *A History of the St. Louis Bridge*. St. Louis 1881.

Zeitschriften

Adams, Nicholas: *Architecture as the Target*. Journal of the Society of Architectural Historians 52 (Dez. 1993.). S. 389–90.

Beazley, Elizabeth: *The Menai Suspension Bridge and Britannia-Bridge*. Ancient Monuments Society Transactions 29 (1985). S. 36–62.

Bethlehem Steel Company: *The Golden Gate Bridge*. Bethlehem, Penn., 1937.

Braet, Jan: *Jigsaw Rialto*. Archis (Dez. 1993). S. 9.

Brown, Ivor J: *The Lloyds, Ironbridge, Shropshire: Some Aspects of a Nineteenth Century Mining Community*.

Industrial Archaeology Review 14 (Herbst 1991). S. 5–16.

Brussat, David: *The Crawford Street Bridge*. Providence Journal-Bulletin, 28. März 1996, B7.

Buchanan, Peter: *Expressive Engineering: Calatrava*. Architectural Review 182 (Sept. 1987). S. 50–61.

Buckley, Tom: *The Eighth Bridge*. The New Yorker (14. Jan. 1991). S. 37–59.

Cooper, Theodore: *American Railroad Bridges*. Transactions of the American Society of Civil Engineers 99 (1934). S. 314–408.

DeLony, Eric: *HAER's Historic Bridge Program*. The Journal of the Society for Industrial Archeology 15 (1989). S. 57–71.

DeLony, Eric (Hrsg.): *Historic Bridge Bulletin*. Society for Industrial Archeology 1 (Sommer 1984). S. 1–8.

Dethier, Jean: *Past and Present of the Inhabited Bridge*. Rassegna 13 (Dez. 1991). S. 10–19.

Doig, Jameson: *Politics and the Engineering Mind: O. H. Ammann and the Hidden Story of the George Washington Bridge*. Urban Affairs Annual Review 43 (1995). S. 21–70.

Figg, Eugene/Duggan, Charles: *Precast Segmental Bridge—Solutions the Past Ten Years*. Pittsburgh Engineer (Mai/Juni 1993). Nachdruck.

Gibbon, Michael: *Stowe, Buckinghamshire: The House and Garden Buildings and Their Designers*. Architectural History 20 (1977). S. 31–44.

Gilmour, Ross/Sauvageot, Gerald/Tassin, Daniel/Lockwood, James: *Snaking Across the Strait*. Civil Engineering (Jan. 1997). Nachdruck.

Goldberger, Paul: *A Breathtaking Bridge Soars High Over Tampa Bay*. New York Times, (16. Okt. 1988). H36.

Goldstein, Harry: *Triumphant Arches*. Civil Engineering (Juli 1995). Nachdruck.

Heffner, Stephen: *The New Face of Providence*. Providence Sunday Journal (3. Nov. 1996). I1–6.

Hodson, Harry: *The Iron Bridge: Its Manufacture and Construction*. Industrial Archaeology Review 15 (Herbst 1992). S. 36–44.

Insolera, Italo: *Viaduc de Garabit*. Zodiac 13 (1964): S. 91–115.

Iovine, Julie: *Will Bridges be the Next Frontier?* New York Times (21. Nov. 1996). C8.

Jackson, Donald: *Nineteenth Century Bridge Failures: A Professional Perspective*. Proceedings of the Second Historic Bridges Conference (März 1988). S. 113–24.

Janofsky, Michael: *Providence is Reviving: Using Arts as the Fuel*. New York Times (18. Feb. 1997). A14.

Kaufman, Michael: *A Bridge over Bosnia's Desperation*. New York Times (7. Juli 1992). S. 6.

Kemp, Emory: *The Fabric of Historic Bridges*. The Journal of the Society for Industrial Archeology 15 (1989). S. 3–21.

Knapp, Ronald: *Bridge on the River Xiao*. Archaeology 41 (Jan.-Feb. 1988). S. 48–54.

Kouwenhoven, John: *Eads Bridge: The Celebration*. Missouri Historical Society Bulletin 3 (April 1974). S. 159–80.

La Monaca, Luigi: *Precast Concrete Segments*. L'Industria Italiana del Cemento 12 (Dez. 1996). S. 834–47.

Logan, William Bryant: *The Gothic According to Calatrava: Completion of the New York Cathedral*. Lotus International 72 (1992). S. 64–69.

McVicar, D. Morgan: *Providence Renaissance*. Providence Journal-Bulletin (21. Juni 1996). B1–8.

Maguire, Robert/Matthews, Peter: *The Ironbridge at Coalbrookdale: A Reassessment*. Architectural Association Journal 74 (Juli-August 1958). S. 31–45.

Margolis, Richard/Peters, Tom: *Bridges—Symbols of Progress*. Roland Gibson Gallery und Lehigh University Art Galleries Ausstellungskatalog. 1991.

Michigan Avenue Bridge. Report of the Commission on Chicago Historical and Architectural Landmarks (1982). S. 73–81.

Morgan, Thomas: *Bridge to the Past*. Providence Journal-Bulletin (18. März 1996). C1.

Murray, Peter: *Life on the Water: Habitable Bridge*. Blueprint (Okt. 1996). S. 13–22.

Petersen, Anton/Hauge, Lars: *European Long Span Bridges: A State-of-the-Art Report*. Civil Engineering Practice 10 (Herbst/Winter 1995). S. 43–54.

Pieper, Jan: *Palladian Bridges*. Daidalos 57 (15. Sept. 1995). S. 88–93.

Pierson, John: *Bridge Designs Go to Improbable Lengths*. Wall Street Journal (22. Feb. 1996). B1.

Pollack, Andrew: *Japan's Road to Deep Deficit Is Paved with Public Works*. New York Times (1. März 1997). A1.

Rastorfer, Darl: *Six Bridges: The Making of the New York Megalopolis*. PaineWebber Ausstellungskatalog 1996.

Rombly, Giuseppina: *Monuments*. Rassegna 13 (1991). S. 59–60.

Schuyler, Montgomery: *The Bridge as a Monument*. Harpers Weekly (26. Mai 1883).

Sibly, P. G./Walker, A.C.: *Structural Accidents and Their Causes*. Proceedings of the Institution of Civil Engineers 62 (1977). S. 191–208.

Soast, Allen: *Skyway Bridge Boasts a Record and Innovations*. Engineering News Record (Sept. 1986). Nachdruck.

Stewart, Doug: *Transforming the Beauty of Skeletons Into Architecture*. Smithsonian (Nov. 1996). S. 76-85.

Sudetic, Chuck: *Mostar's Old Bridge Battered to Death*. New York Times (11. Nov. 1993) S. 18.

Theroux, Paul: *Memories That Drive Hong Kong*. New York Times (10. Juni 1997). A23.

Thurston, Harry: *Strait Across*. Canadian Geographic (März/April 1997). S. 53–60.

The Tower Bridge. The Builder 66 (30. Juni 1894). S. 491–92.

Venezuela Opens 5.5-Mile Span Called a Key to Economic Gains. New York Times (25. Aug. 1962). S. 8.

Vesterhold, Jorgen: *Bridging of the Great Belt, and the Landscape*. Landskab 1 (1991). S. 24.

Vincentsen, Leif/Henriksen, Kjeld: *Denmark Spans Strait with Great Belt Link*. Concrete International: Design and Construction 14 (Juli 1992). S. 25–29.

Webster, Anthony: *Utility, Technology and Expression*. Architectural Review 191 (Nov. 1992). S. 68–74.

Westhofen, W: *The Forth Bridge*. Engineering (28. Feb. 1890). S. 213–83.

Wiley, Bud: Above It All. Life (Feb. 1995). S. 84–85.

Internet
Bis auf Adressen, die mit http:// anfangen, beginnen die Webseiten mit http://www.

best.com/~solvers/bridge.html (SC Solutions, Seite zum Brückenbau)

dot.ca.gov/dist4/sfobbrto.html (Seismic Retrofit of San Francisco-Oakland Bay Bridge)

civeng.carleton.ca/ECL/reports/ECL270/Disaster.html (Brückenunglück von Québec)

clpgh.org/exhibit/exhibit.html (Bridging the Urban Landscape, Carnegie Library of Pittsburgh)

cr.nps.gov/habshaer/database.htm (Historic American Building Survey/Historic American Engineering Record Database)

cybercity.hko.net/hongkong/gakei/bridge.htm (Tsing-Ma-Brücke)

ggb60.com/ (Seite zum 60. Geburtstag der Golden Gate Bridge)

greatbelt-as.dk/ (Homepage zur Festlandverbindung über den Großen Belt)

hero.or.jp/hero/index.html (Kobe & Hanshin-Awaji Economic Revitalization News)

hsba.go.jp/e-index.htm (Honshu-Shikoku Bridge Authority)

http://204.189.12.10/Goldengate/index.html (Golden Gate Bridge, California Highway and Transportation District)

http://arcweb.sos.or.gov/coast/OregonCoastWelcome.html (Oregon Coast Highway)

http://home.sprynet.com/sprynet/shig/japane.htm (Brücken in Japan)

http://william-king.www.drexel.edu/top/bridge/cb1.html (Ein Führer zu alten überdachten Brücken)

inventionfactory.com/history/main.html (John A. Roebling & Sons History Archive)

lexmark.com/data/poem/hcrane01.html (Hart Crane)

peinet.pe.ca/SCI/bridge.html (Confederation Bridge)

sfmuseum.org/1906/89.html (Einsturz der Oakland-Bay-Brücke 1989)

Register

Abegweit. *vgl.* Prince Edward-Insel
Adams, Julius W., 41
Aelius-Brücke. *vgl.* Engelsbrücke
Agrippa, Marcus Vipsanius, 15
Akashi-Kaikyo-Brücke, 113, **114 f.**
Alcazaba, La, **99**
Albany, NY, 51
Alberti, Leon Battista, 23
Alamillo-Brücke, Sevilla, Spanien, 99
Alte London-Brücke, **39**
Amerikanische Revolution, 37, 103
Amerikanischer Bürgerkrieg, 51, 53, 77
Ammann, Othmar Hermann, 65, **73**, 75, 83, 84, 85, 89
Andric, Ivo, 25
Androuet du Cerceau, Baptiste, 31
Anglesey, 37
Angostura-Brücke, 107
Anji-Brücke, **18 f.**
Arenas, J.J., **13**
Arno, 23
Arthur, Chester A., 55
Aswan Dam, Nile, 59
Athen, Griechenland, 69
Augustus, Kaiser, 15
Avignon, Frankreich, 21

Baker, Benjamin, Sir, 59
Bailey, Donald Coleman, Sir, 77
Bannosu-Viadukt, 97
Bassano del Grappa, Italien, 33
Bayonne Bridge, 73, 75
Beijing, 19
Bénezet, 21
Bennett, Edward H., 69
Beresford, Robert, 39
Berkel, Ben van, 105
Bernini, Gian Lorenzo, 17
Betancourt, Rómulo, 90
Betty, Donald & Joan, **106 f.**
Billington, David, 37, 64, 70, 71
Bloedel's Donovan Bridge, **66 f.**
Bollman, Wendel, 51
Bollman-Fachwerkbrücke, **50**
Bosporus-Brücke, 107
Bouch, Thomas, 44, 59

Bow Bridge, Central Park, **28**
Boyer, Marjorie Nice, 20
Bradenton, FL, 95
Bradfield, J.J.C., 75
Bradley, J.J.C., 75
Bridges at Toko-Ri, 92
Bridges of Madison County, 92, **93**
Britannia-Eisenbahnbrücke, **46 f.**
Britannia-Insel, 47
Bronx Kill Brigde, 65
Bronx Whitestone Bridge, 73
Brooklyn Bridge, 42, 51, **54 f.**, 92
Brown, Samuel, 37
Brown, David J., 17, 96
Brown, Lancelot, 33
Brücke am Kwai, 92, 93
Brücke von Remagen, 92
Brücke von San Luis Rey, 92
Brücke der Götter, **12**
Brückentypen:
  Aquädukt, 15
  Auslegerfachwerk, 59
  Balkenbrücke, 13
  Betonbogen, 101
  Beton-Hohlkastenträger, 109
  Bogenbrücke, 12, 17, 19, 21, 23, 25, 27, 31, 33,
    35, 39, 53, 65, 71, 75, 87, 99, 103
  Bogenviadukt, 41, 57
  Doppelflügel-Zugbrücke, 81
  Drehzapfen-Zugbrücke, 69
  Eisenbahnbrücke, 4o f., 44 f., 46 f., 50 f., 53 f.,
    56 f., 58 f., 64 f., 66 f., 74 f., 86 f., 110 f., 112 f.
  Fachwerk, 13, 49, 51, 67, 79
  Gußeisen, 35, 51
  Hängebrücke, 12, 37, 43, 55, 73, 79, 83, 85, 89,
    111, 113, 115
  Kabelbrücke, 13, 91, 95, 97, 105, 117
  Militärbrücken
      Katapultbrücken, 77
      Schwimmbrücken, 77
  Schmiedeeisen, 47
  Schwingbrücke, 13
  Viadukt, 105
  Zugbrücke, 13, 63, 69, 105
Brücken im Film, **92 f.**
Buckinghamshire, England, 33
Buckley, Tom, 65
Buddhismus, 28, 97
Burnham, Daniel, 68, 69
Burr, Theodore, 60

Caernarfon, 37
Calatrava, Santiago, 99

Canale Grande, Venedig, 27
Candela, Félix, 91
Candlestick-Park, 79
Canonicus, 103
Canton-Viadukt, 41
Capilano Canyon Bridge, 106
CarquinezStraits Bridge, 88
Carroll, Lewis, 34
Carrollton-Viadukt, 41
Castel Sant'Angelo, 16
Central Park, NY, 28
Chaley, Joseph, 43
Chep Lap Kok Airport, 111
Chester, England, 47
Chicago, 69
Chinesische Gärten, 28
Christo, 31
Cianci, Vincent A., Jr., 102
Clearwater, FL, 95
Cleopatra's Needle, 59
Cleveland, Grover, 55
Coalbrookdale, England, 35
COINFRA, 113
Colossus, **49**
Condron, T.L., 85
Confederation Bridge, **108 f.**
Connecticut, 49
Conrail, 41
Contino, Antonio, 27
Cornway-Flußbrücke, Wales, 37
Cooper, Theodore, 44, 45
Corbin-Brücke, 107
Cornish, NH., 49
Cortland Street Bridge, 69
Cosimo I, Prince de Medici, 23
Craigellachie Bridge, Schottland, 37
Crawford-Street-Brücke, 103

Darby, Abraham, III, 35
Dee-Brücke, 44
DeGraff, Simon, 51
Delaware Aquädukt, **42 f.**
Delaware-Gedächtnis-Brücke, 107
DeLony, Eric, 42, 50, 51, 81
Depression, 73, 74, 82
Derleth, Charles, 83
DeSoto, Hernando, 101
Dickens, Charles, 60
Disneyland, 39
Doig, Jameson, 73
Dongguan, China, 111
Dorman Long, 75

Douro, Portugal, 57
Drehung, 12
Dublin, Ireland, 37
Dundee, Schottland, 59
Dunkirk, New York, 41

Eads, James Buchanan, 52, 53, 59
Eads Bridge, **52 f.**
East River, NY, 55, 65
Edinburgh, Schottland, 59
Edward, Prinz vonWales, 59
Eiffel, Gustave, **57**, 59, 65
Eiffelturm, **56**, 57, 59, 115
Eigengewicht, 12
Eisenbrücke, **34 f.**
Eisenhower, Dwight D., 86
Elysian Fields, 33
Engelsbrücke, **16 f.**
Erasmus-Brücke, **13**, **104 f.**
Endbeben von Hanshin, 115
Endbeben von Loma Prieta, 79
Erie-Kanal, 41, 51
Erie-Lackawanna-Eisenbahngesellschaft, 41
Erster Weltkrieg, 82, 87
Esso Maracaibo, 91
Etrusker, 15
Evans, Barnaby, 103
Expo '92, Spanien, 99
Exposition Universelle, Paris, 1889, 56

Fairbairn, William, 47
Fairmount-Brücke, 43
Farquharson, Burt, 85
Fatih-Sultan-Mehmet-Brücke, 107
Fife, Schottland, 59
Figg, Gene, 100
Fink, Albert, 51
Fink Through Truss Bridge, **50**
Finley, James, 37, 43
Firth of Forth, 59
Firth of Tay, 44
Flad, Henry, 53
Fletcher, Bela, 49
Florenz, Italien, 23
Florence, OR, 81
Florianópolis-Brücke, Brasilien, 88
Flughafen von Kai Tak, 111
Flußverlegung, Providence, **102 f.**
For Whom the Bell Tolls, 92
Ford, Henry, 73
Forth Bridge, **58 f.**

Fowler, John, Sir, 59
Frampton, Kenneth, 57, 99
Franklin, TN, 101
Fraser, J.E., 69
Freeman, Ralph, Sir, 75
Freiheitsstatue, 57
Freyssinet, Eugène, 71, 80, 101
Fünen, Dänemark, 113

Gaddi, Taddeo, 23
Galloping Gertie. *vgl.* Tacoma Narrows Bridge
Garabit-Viadukt, **56 f.**, 65
Gartenbrücken, **28 f.**
Gateway-Bogen, 53
George Washington Bridge, 65, **72 f.**
Giedion, Sigfried, 71
Gilbert, Cass, 73
Giotto, 23
Giverny, Frankreich, **29**
Goldberger, Paul, 94
Golden Gate Bridge, 51, 73, **82 f.**, 92, 106
Gonzalez, Hannibal, 28
Graham, Anderson, Probst & White, 68
Grand Pont Suspendu, 43
Grant, Ulysses S., 101
Grant Park, Chicago, 69
Griechen, 15, 77
Große Mauer, China, 19
Große Steinbrücke. *vgl.* Anji-Brücke
Großer Belt, 113
Großer Kanal, China, 19
Guadal-Kanal, Solomon-Inseln, 77
Guadiana, 99
Guinness-Buch der Rekorde, 106
Guptill, Barry, 108

Hadrian, **16**
Hafen von Sydney, 75
Hafenbehörde von New York und New Jersey, 73
Hague, 25
Hajrudin, 25
Havasu-See, 39
Hegel, G.W.F., 43
Heian-Periode, 28
Heian Jingu Shrine, Kyoto, Japan, **28**
Hell Gate Bridge, **64 f.**, 75, 88
Hennebique, François, 71
Henry III, 31
Henry IV, **31**
Henry Hudson Bridge, 88
Henzey, Joseph G., 50
Henzey's Wrought Iron Arch Bridge, **50**

Herring, Henry, 69
Hiroshige, Ando, 23
Hitler, Adolf, 23
Hitsuishijima- & Iwakurojima-Brücken, **96 f.**, 115
Hitsuishijima-Viadukt, 97
Höga-Kusten-Brücke, Schweden, 107
Hokusai, Katsushika, 29
Hongkong, 111
Honshu-Awaji, Japan, 115
Honshu-Shikoku-Brücke, 97, 115, 117
Howe, William, 60
Hudson 41, 43, 73
Humber-Flußbrücke, 106, 113, 115

Ibero-Amerikanische Ausstellung,1929, 28
Ikuchi-Brücke, 117
Ile de la Cité, 31
Illes, Pierre des, 31
Inchgarvie, 59
Industrielle Revolution, 35
Iowa State College, 81
Iowa-State-Highway-Kommission, 81
It's a Wonderful Life, 92
It Came from Beneath the Sea, 92

Jackson, Andrew, 101
Jacobs Creek Bridge, 43
James, Henry, 26
Japanische Gärten, 28
Joachim, Prince, **112**
John A. Roebling & Sons, 83
Johnson, Roger, 38
Jones, Horace, Sir, 63

Kaderbek, Stan, 69
Kap-Shui-Mun-Brücke, 111
Kármán, Theodore von, 85
Katastrophen, **44 f.**
Kent, William, 33
King County, WA, 67
Kinsey, Darius & Tabitha, **67**
Kirkwood, James P., 41
Kita-Bisan-Seto-Brücke, 97
Knapp, Ronald G., 18, 19
Kobe-Naruto Route, 97, 115
Kojima-Sakaide Route, 97, 115
Kompression, 12

Kop van Zuid, 105
Kowloon City, 111

Kriegsbrücken, **76 f.**
Kukai, 97
Kunin, Madeleine M., 49
Kurushima-Brücke, 117

Lackwaxen 43
Lake Havasu City, AZ, 39
Lantau Link, 111
Laughery Creek Bridge, **51**
Le Corbusier, 72
Lewis, Meriwether, 101
Lewis, R.W.B., 22
Li Chun, 19
Lincoln, Abraham, 53
Lincoln Park, Chicago, IL, 69
Lindenthal, Gustav, 65, 75, 88
Little Hell Gate Bridge, 65
Liuli, China, 77
London, 37, 63
London Bridge, **38 f.**, 63
London, Jack, 78
Long, Stephen H., 60
Lord, R.F., 43
Louis VIII, 21
Louis XIV, 28
Luckin, Ivan F., 39
Ludendorff, Erich, 87
Ludendorff-Brücke, **86 f.**
Lusitania-Brücke, **98 f.**
Luten, Daniel, 81

Ma-Wan-Kanal, 111
Ma-Wan-Viadukt, 111
Maas, 105
Mackinac Bridge, 73, **88 f.**, 107, 113
Maguire, Robert, 34
Maillart, Robert, 71, 91, 101
Manhattan Bridge, 65
Maracaibo, Venezuela, 91
Maracaibo-Seebrücke, 91
Marchand, Guillaume, 31
Maré, Eric de, 46, 63
Maria-Pia-Viadukt, 57
Marquis of Ferrara, 27
Marsh, James, 81
Matthews, Peter, 34
McCulloch, Robert P., 39
McCullough, Conde B., **81**
McCullough, David, 55
Meerenge von Akashi, 115
Meerenge von Mackinac, 89

Meerenge von Menai, 36, 37, 47
Menai-Hängebrücke, **36 f.**, 43
Mercier, Louis Sébastien, 31
Mérida, Spanien, 99
Michelangelo, 27
Michigan Avenue Bridge, **68 f.**
Militärbrücken, 77
Miller, Howard, 52
Minami-Bisan-Seto-Brücke, 97, 115
Ming Dynasty, 19
Minisink Ford, NY, 43
Mishima, Yukio, 114
Mississippi, 53
Moisseiff, Leon, 83, 85
Monet, Claude, 29
Monier, Joseph, 71
Monongahela-Brücke, 43
Montgomery, Lucy Maud, 109
Moran, Daniel, 79
Morandi, Riccardo, 91
Morris, James, 27
Morris, William, 59
Moses, Robert, 73
Moshassuck, 103
Mostar-Brücke, **24 f.**
Mostar, Bosnien-Herzegowina, 25
Mott MacDonald Hong Kong Limited, 111
Mount Hope Bridge, 88
Mümme, Deutschland, 77
Museum of Modern Art (New York), 71
Muslime, 25

Nadar, 57
Namausus, 57
Napoleon III, 31
Napoleonische Kriege, 37
Narragansett-Bucht, 102
Natchez Trace Parkway Arches, **100 f.**
Neretva, 25
Nervi, Pier Luigi, 91
Neuvial-Viadukt, 57
New Brunswick, Kanada, 109
New York- und Erie-Eisenbahngesellschaft, 41
Newark, NJ, 75
Newburyport, MA, 49
Newport, RI, 103
Niagara-Brücke, 97
Nîmes, Frankreich, 15
Nordwest-Pazifik, 67
Normans Kill Ravine, 51
Northumberland-Meeresstraße, 109
Nôtre, André le, 28

Observatorium in Nizza, 57
O'Connor, Colin, 15
Oakland, CA, 79
Oktagon-See, 33
Ohnaruto-Brücke, 115
Ojeda, Alonso de, 91
Olmsted, Frederick Law, 28
On the Town, 92
Onomichi-Imabari Route, 97, 117
Ortega y Gasset, José, 98
Ostbrücke, Festlandsverbindung über den Großen
Belt, 109, **112 f.**
Osko-Island-Brücke, Bergen, Norwegen, **106**
Ottomanisches Reich, 25

Palladianische Brücke, **32 f.**
Palladio, Andrea, 27, 33
Pallazzo Pitti, 23
Palmer, Timothy, 49
Palmers Permanent Bridge, 49
Pantaleon, M.J., **13**
Paris, Frankreich, 31, 69
Parker Dam, 39
Patent Chain Bridge, 37
Pearl, 111
Pennsylvania-Eisenbahn, 65
Perser, 77
Peter of Colechurch, 39
Petroski, Henry, 39, 45, 73, 116
Pieper, Jan, 32, 33
Pier, 12
Piermont, NY, 41
Pihlfeldt, Thomas, 69
Piranesi, 17
Pittsburgh-Aquädukt, 43
Place Dauphine, 31
Plaza de España, Sevilla, Spanien, **28**
Plowden, David, 40, 41, 58, 75
Poligono, Spanien, 99
Pollack, Andrew, 117
Pont d'Avignon, **20 f.**
Pont de Langlois, **12**
Pont du Gard, **12 f.**
Pont Neuf, **30 f.**
Pont Saint Bénezet, *vgl.* Pont d'Avignon
Pont St. Martin, **12**
Pont van Gogh, *vgl.* Pont de Langlois
Pont-y-Cysyllte, Wales, 37
Ponte, Antonio da, 27
Ponte Carraia, 23
Ponte Grazie, 23
Ponte Nuova, *vgl.* Ponte Carraia
Ponte Rubaconte, *vgl.* Ponte Grazie

Ponte 25 de Abril, Lissabon, 107
Ponte Vecchio, **22 f.**
Pozzolana, 17
Pozzuoli, 17
Pratt, Thomas, 51
Prinz-Edward-Insel, 109
Pritchard, Thomas Farnolls, 35
Pritchett, V.S., 49
Providence, RI, 103
Puente de la Barqueta, Sevilla, Spanien, **13**
Puente General Rafael Urdaneta. *vgl.* Maracaibo-
Seebrücke
Puget Sound, 85
Purcell, Charles, 79

Québec Bridge, 45
Queens' College, Cambridge, England, **32**
Queensboro Bridge, 65
Queensferry, Schottland, 59

Randall's Island, NY, 65
Remagen, Deutschland, 87
Rennie, John, 37, **39**
Rhein, 87
Rialto-Brücke, **26 f.**, 33
Robinson, Holton D., 88
Rockland, DE, **61**
Roebling, Emily W., **55**
Roebling, John A., **43**, 55, 97
Roebling, Washington A., 42, **55**
Römer, 15, 71, 77, 81, 99
Rogue-Flußbrücke, 80
Rom, 69
Roosevelt, Franklin D., 73, 81
Rotterdam, Niederlande, 105
Rouzat-Viadukt, 57
Royal Gorge Bridge, **106**
Ruhr, Deutschland, 77
Rush-Street-Schwingbrücke, 69
Ruskin, John, 27
Russell, John, 31
Ryan, Raymond, 104

Saarinen, Eero, 53
Saint Louis, MO, 53
Saint-Flour, Frankreich, 57
Salford-Manchester, Großbritannien, 99
Salgina-Schlucht, 71
Salginatobel Bridge, **70 f.**
San-Francisco-Bucht, 79, 83

San Francisco, CA, 79, 106
San Francisco/Oakland Bay Bridge, **78 f.**
Sansovino, 27
Santa Trinità, 23
Sarasota, FL, 95
Sauk, 67
Schiers, Schweiz, 71
Schuykill, 49
Schuyler, Montgomery, 54
Schwandbach-Brücke, 71
Seattle, WA, 85
Segovia, **15**
Seine, 31
Serben, 25
Seto-Binnenmeer, 97, 115, 117
Seto-Ohashi-Route, 97
Severn, 35
Seyrig, Théophile, 57
Shear, 12
Shikoku, 97, 115
Shimotsui-Seto-Brücke, 97
Shropshire, 35
Sibly, Paul, 45
Siuslaw-Brücke, **80 f.**
Siuslaw, 81
Skykomish, 68
Smithfield-Straßenbrücke, **64**
Spannung, 12
Spannweite, 12
Sprogø, Dänemark, 113
St. Johns Bridge, 88
St. Lawrence, 45
St. Petersburg, FL, 95
Stari Most. *vgl.* Mostar-Brücke
Starrucca-Viadukt, **40 f.**
Staten Island, NY, 75
Steinman, David B., 31, 65, **88**, 89
Stephenson, George, 47
Stephenson, Robert, 44, 46, 47
Storebaelt-Brücke. *vgl.* Ostbrücke,
Festlandsverbindung über den Großen Belt
Stowe-Haus, 33
Strait Crossing, Inc., 109
Strauss, Joseph B., **83**
Sui-Dynastie, 19
Suleimann, der Große, 25
Sullivan, Louis, 53
Sully, duc de, 31
Summit Venture, **95**
Sunshine Skyway Bridge, **94 f.**
Swiss Miss, 92
Sydney Harbor Bridge, **74 f.**
Sydney, Australien, 75

Tacoma Narrows, 45, 85
Tacoma Narrows Brücke, 45, **84 f.**, 89
Tacoma, WA, 85
Tampabucht, FL, 95
Tang Dynasty, 19
Taoism, 28
Taotie, **19**
Tarzan's New York Adventure, 92
Tasker, James, 49
Tatara-Brücke, 115, **116 f.**
Tavanasa-Brücke, 71
Tay-Brücke, 44, 59
Telford, Thomas, 35, **37**, 43, 47
Tennessee Route 96, 101
Terminator 2, 92
Themse, 39, 63
Thatcher, Margaret, 111
Theroux, Paul, 111
Thomas-Viadukt, 41
Throgs Neck Bridge, 73
Tiber, 17
Tiepolo-Revolution, 27
Tokyo Tower, 115
Tower Bridge, **62 f.**
Tower of London, 63
Town, Ithiel, 44, 61
Triborough Bridge, 65, 73
Trimmer Road Bridge, **13**
Trinity Bridge, **99**
Truyère, 57
Tsing-Ma-Brücke, 107, **110 f.**
Tsing Yi, 111
Tweed, 37

Überdachte Brücken, 60f.
Überdachte Brücke von Baarickville, **61**
Überdachte Cornish-Windsor Bridge, **48 f.**
Überdachte Humpback Bridge, **61**
Uffizien, 23
UNESCO, 15
Union-Brücke, 15
Universität von Washington, 85
Upper Ferry, 49

Vanderbilt, Cornelius, 89
Vasari, Giorgio, 23
Vaux, Calvert, 28
Venedig, 33, 91
Venezuela, 91, 107
Verrazano Narrows Bridge, **13**, 73, 106
Versailles, 28
Viktorianisches Zeitalter, 59

Viollet-le-Duc, Eugène-Emmanuel, 21
Vitruvius, 16, 17

Wales, 37
Walker, Alastair, 45
Wantanabe, Kaichi, **58**
Ward's Island, NY, 65
Warner, William D., 103
Waterloo Bridge, 92
Wayss und Freytag, 71
Weltausstellung in Kolumbien 1893, 69
Wernag, Lewis, 49
Wheeling Bridge, 43
Whipple, Squire, 51
Whipple-Zugband-Fachwerkbrücke, **50 f.**
Whitman, Walt, 53, 66
Widerpfeiler, 12
Wikinger, 39
Wild Bunch, 92
Wilder, Thornton, 45
Wiley, Bud, 82
Williams, Roger, 103
Williamsburg Bridge, 65
Wilton-Haus, England, **27**, 33
Windsor, VT, 49
Wolfe-Barry, John, Sir, 63
Wood, C.V., 39
Woodruff, Glenn, 89
Woodward, Calvin, 53
Woolworth-Gebäude, 73
Woonasquatucket, 103
Wrigley-Gebäude, **68**

Xerxes, 77
Xiao, 19

Yaquina-Bay-Brücke, 81
Yerba-Buena-Insel, 79
Yoshima-Brücke, 97
Yoshima-Viadukt, 97
Young, Hugh, 69
Yuba, 49
Yungsin, China, 77

Zeeland, Dänemark, 113
Zhaoxian, China, 19
Zhaozhou. *vgl.* Anji-Brücke
Züoz-Brücke, 71
Zweiter Weltkrieg, 25, 77, 87, 89, 95, 105

Danksagungen

Von den vielen, die bei der Entstehung dieses Buches mithalfen, schulde ich den meisten Dank Ted Goodman von der Avery-Bibliothek an der Columbia-Universität, der den Text überprüfte und den Index vorbereitete, und Jacqueline Decter, die das Manuskript lektorierte. Ich bin dankbar für ihr Geschick, ihre Freundschaft und Hingabe an dieses Projekt.

Dieses Buch wurde bereichert durch das Talent und die unschätzbaren Beiträge von Elizabeth Abbott und Medwyn Parry. Eric DeLony, David Plowden, Bob Cortright und besonders Erica Stoller teilten ihr Wissen großzügig mit mir und der Text spiegelt ihre hilfreichen Vorschläge wider. Dieses Buch beruht ebenso auf dem Wissen vieler anderer, und ich liste mit Dank ihre Werke in meiner Bibliographie auf. Meine Assistentinnen Laura Tatum und Laura Kreiss schürften tief für mich, und ich bin dankbar für ihre Gründlichkeit. Die vielen Briefe, die ich von den Lesern von *Wolkenkratzer* erhielt, dem ersten Band dieser Reihe, waren mir eine Quelle der Freude und vieler Ideen. Mein Dank an sie alle.

Ich möchte auch allen bei Black Dog & Leventhal danken, besonders Pam Horn, Tim Stauffer, Helene Liss, Justin Lukach und J. P. Leventhal für seinen Enthusiasmus und seine Weitsicht. Wie immer war es mir eine Freude, mit Alleycat Design zusammenzuarbeiten.

Jane Gaffney, Patricia Finnegan und Claire Nicita sorgten voll liebender Hingabe für meine Söhne, Brendan und Emmet, um mich sorgenfrei arbeiten zu lassen. Mein Gatte, Harry Gaffneys bot Verständnis, Liebe und Ermutigung für die Dauer dieses Projekts.
Viele andere teilten mit mir ihre Erfahrung und ihre Quellen. Besonders den folgenden Menschen bin ich für ihre Beiträge zu Dank verpflichtet:

Dr. Margot Ammann-Durer;
Gretchen Bank, Ted Strand, and John Zills, Skidmore, Owings & Merrill;
Bonnie Barsness, Lake Havasu City Visitors & Convention Bureau;
Donald und Joan Betty;
David Billington, Princeton-Universität;
Ken und Cara Blazier;
Dave Bohn;
Lazlo Bodo;
Sandor Bodo;
Rollie Carrillo, Lake Havasu Tourism Bureau;
Vincent "Buddy" A. Cianci, Bürgermeister von Providence;
Christo und Jeanne-Claude;
Jocelyn Clapp, Corbis-Bettmann;

Judy Clark, Delys de Zwaan, und dem Personal der Mamaroneck Public Library;
Thaddeus and Susan Cook;
Weiping Dai;
Jeanmaire Dani;
Thomas Deller und Kathryn Cavanaugh, Department of Planning & Development, City of Providence;
B. J. und Melanie Dupré;
Peter und Lisa Dupré;
Susan Dupré;
dem Personal von Esto Photographics;
Andy Farenwald;
Eugene Figg und Jean Connolly, Figg Engineering Group;
Kenneth Frampton, Columbia-Universität;

Brian Fulcher;
Neil Goodwin, Peace River Films;
Alan Gottlieb;
Mark Griffin;
Robert Hadlow, Jeff Swanstrom, and Orrin Russie, Oregon Department of Transportation;
Barbara Hall, Jon Williams, Carol Lockman und dem Personal des Hagley-Museums und der Bibliothek;
Patrick Harbron;
Patrick Harshbarger, Gesellschaft für Industrielle Archäologie;
Dean Herrin, National Park Service;
Stan Kaderbek und Lou Chrzasc, Chicago Department of Transportation;
Ann Kilbourne;
Joseph Ka-Kee Lee;
Ellen Lederer und Alex Wesman;
Marianne Letasi, Detroit Institute of Arts;
Robert Loffredo;
Roger A. McCain, Drexel-Universität;

Brian MacLean, Thomas Allen & Sons;
Richard Margolis;
Beth und Ed Matthews;
Linda Norris und Robert Parsons, Michigan Department of Transportation;
Regina Clarkin O'Leary;
Janet Parks und Dan Kany, Avery Architectural Library, Columbia-Universität;
Frank Pascual, MTA Brücken und Tunnel, New York;
Catha Grace Rambusch;
Darl Rastorfer;
Ada Rodriguez;
Herb Rothman und Helen Oppenheimer, Weidlinger Associates, Inc.;
Brenda Tharp;
William D. Warner;
Robert und Cynthia Wilson;
Dennis S. M. Wong, Lantau Fixed Crossing Project; und
William Worthington, Smithsonian-Institution, Division of Engineering and Industry.

Bildnachweise

Auf allen Fotos liegt das Copyright der Fotografen, und in einigen Fällen der sie verleihenden Institutionen. Nicht gekennzeichnete Bilder sind Staatseigentum oder aus der Sammlung der Verfasserin.

o=oben; l=links; ol=oben links; or=oben rechts; m=Mitte; ml=Mitte links; mr=Mitte rechts; u=unten; ur=unten rechts

Agence France Presse/Corbis-Bettmann: 24 (Einklinker);
Alinari/Art Resource, New York: 17r, 22, 26, 33ur;
Dr. Margot Ammann-Durer: 73l;
Wayne Andrews/Esto Photographics: 27or, 28, 34, 52;
Avery Architectural and Fine Arts Library, Columbia

University in the City of New York: 35l, 39r, 46, 52 (Einklinker), 53;
Alex Bartel/Esto Photographics: 62, hintere Umschlagseite (m);
Donald Betty: 106, 107;
David Billington, Princeton Universität: 70, 71l;
Sandor Bodo: 102, 103l;
Boily Place: 108, 109r;
Richard Bryant, Esto/Arcaid: 13l, 13r, 104, 105, hintere Umschlagseite (u);
Gary Taber, Copelin Photographics/Chicago Department of Transportation, Bureau of Brückes and Transit: 68, 69r;
Chicago Department of Transportation, Bureau of Bridgess and Transit: 69ur;

Corbis-Bettmann: 13cl, 16 (Einklinker),31l, 44, 45, 56, 57l, 68 (Einklinker), 72, 78, 120;
Robert Cortright: 12, 15r, 20, 21, 24, 25, 27l, 27ur, 28tr, 28 (Einklinker), 35r, 36, 37r, 57r, 65r, 80, 81r, 98;
Detroit Institute of Arts, Gift of P. L. Barter: 30;
Elizabeth Donoff: 29l;
Courtesy of George Eastman House: Vorsatz;
FBM Studio/Mancia/Bodmer: 71r;
Figg Engineering Group: 94, 95r, 100, 101l, 101c;
Foto Marburg/Art Resource, New York: 56 (Einklinker);
Giraudon/Art Resource, New York: 14, 20 (Einklinker), 29l;

W. H. Guild, Jr./New York City Parks Photo Archiv: 28ur;
Hagley Museum und Bibliothek: 7, 44 (Einklinker), 61t, 64, 65l, 103r; hintere Umschlagseite (o);
Patrick Harbron: 82;
Historic American Engineering Record, Library of Congress: cover, 40, 42, 43l, 45 (Einklinker), 48, 49ur, 50, 51, 60, 61l, 61ur;
Hong Kong Tourist Association: 110, 111l;
Honshu-Shikoku Bridge Authority: 2-3, 96, 97, 114, 115, 116, 117;
Hulton Getty/Tony Stone Images: 37l, 59, 74, 83r;
Nicholas Kane, Esto/Arcaid: 99r;
Darius Kinsey, from *Kinsey, Photographer,* courtesy David Bohn and Rodolfo Petschek: 66, 67;

Ronald G. Knapp: 18, 19;
Lake Havasu Tourism Bureau: 38 (Einklinker);
Library of Congress: 49or;
Joseph Ka-Kee Lee: 110 (Einklinker), 111r;
Robert Loffredo: 22 (Einklinker);
Richard Margolis: 5-6, 13m, 13mr, 41, 42 (Einklinker), 63, 64 (Einklinker);
Peter Mauss/Esto Photographics: 54;
W. Miles Wright/Frank H. McClung Museum, Universität von Tennessee, Knoxville: 101r;
Michigan Department of Transportation, Photography Unit: 88, 89, 125;
Municipal Archives, Department of Records and Information Services, City of New York: 1;

Museum of Modern Art, Film Stills Archive: 92l, 93;
National Archives: 86, 87;National Monuments Record, Wales: 46 (Einklinker);
John Nicols, Universität von Oregon: 14 (Einklinker);
Oregon Department of Transportation: 80 (Einklinker), 81l;
Providence Journal-Bulletin: 102 (Einklinker);
Royal Commission on the Ancient and Historical Monuments of England: 62 (Einklinker);
Rutgers Universität: 43r, 55ol, 55or;
Engineering Collection in the Division of the History of Technology, Smithsonian Institution: 73ur;
Springer/Corbis-Bettmann: 92r;
Storebaeltforbindelsen: 112, 113;

Strait Crossing, Inc.: 109l;
Brenda Tharp: 82 (Einklinker);
Spanisches Fremdenverkehrsamt: 99l;
Special Collections Division, Universität von Washington Libraries (Negative Zahlen: Farquharson 4, 5, 6, 12); 84, 85;
Underwood Photo Archive, San Francisco: 15l, 16, 28l, 38, 54, 58, 79br, 83l, 83m;
UPI/Corbis-Bettmann: 55br, 73r, 74 (Einklinker), 75, 76, 79or, 90, 91, 95l;
Mit freundlicher Genehmigung Welshpool Town Council, Montgomeryshire, Wales: 47r; und Wolfgang Volz/Christo und Jeanne-Claude: 31r.